漫漁 著

敢輸才會贏

FAILURE

目錄CONTENTS

人生

態度

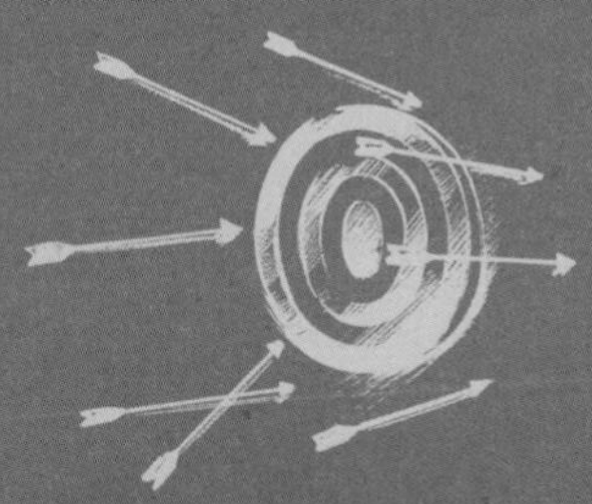

目錄CONTENTS

情感

平衡

獨立

承傳

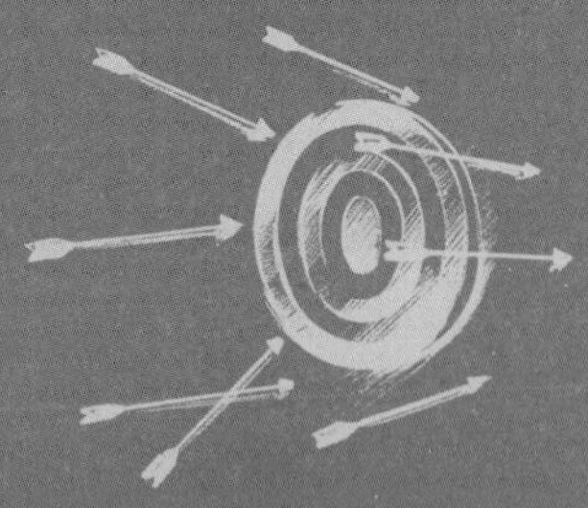

目錄CONTENTS

社會

培養

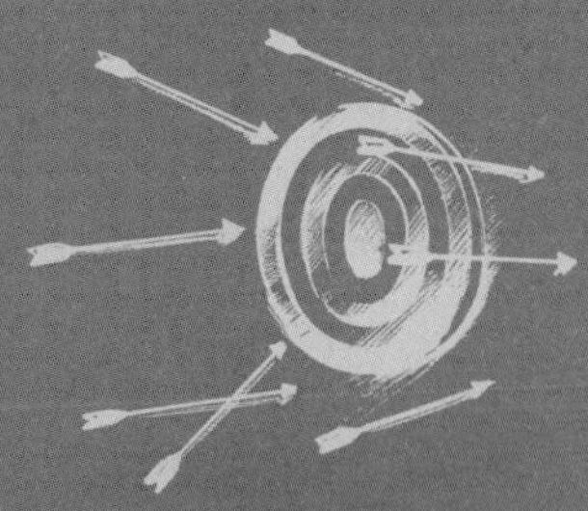

前言

人生不過是有機體變為無機體的一個過程，畏縮不前，注定一無所獲。

不斷向前走，敢輸才會贏。贏的不一定是金錢與地位，贏的是自在與滿足。承傳，開啟，不負人生！

人生在世，許多人窮一生精力的目標就是追求成為人生中的贏家。從幼稚園開始要爭，要成功爭好學區房上好的小學，考上重點的學校，考入重點高中，考入重點大學，大學的學科最好是能有最佳就業的專業。畢業後要找到體面及穩定的工作，然後成家立室，然後下一代再次複製一次這樣的安穩軌跡，然後就像童話故事那樣能永遠快快樂樂地生活下去。可是現實的世界跟童話故事或編程世界的固定軌跡總是存在巨大差異，正如沒有人能事前預想到某一年全球大部分的國家都會封閉和關停。人類社會總是在各種苦難與挫折中成長。那些沒有打倒我們的，會使我們變得更強大。不被輕易打倒的前提是，你需要有一顆強大的內心去應對真實世界的壓力與挑戰。這種心理的建構並不是天生而來，而是需要後天建構的。最堅固可以經得起考驗的建構，必須從認識真實的世界與人生開始，而這就是本書要帶你一起去思考的主題。

有些時候即使你再努力，比任何人也付出更多，但當外部環境的變化速度過快，你的努力還是不一定能有所收穫，甚至換來的只是失敗的教訓。用盡全力的投入卻仍然結不出甜美的果實，這不是你的問題，也沒什麼好後悔。人生，不能確保結

果，只能考慮自己的投入，有些時候也要學會放過自己，把結果放輕一點去看。清楚認識到未能達到預期的結果不一定是自己的錯，不要陷於自責循環與後悔之中。那些不能把我們打倒的，終將使我們變得更加強大。我們必先要有不被結果擊倒的心理彈性，才能化失敗為不懼前行的勇氣與智慧。

學業會失敗，事業會失敗，情感會失敗，而且有可能一再失敗。失敗與跌倒乃人生必經的一課。失敗既有自身的因素，也有外在環境與不可抗力的因素。失敗並不可怕，失敗是一種歷練，而由不斷的歷練可以建立起承載的能力，去承載未來人生中更大的果實與成果。學習應對失敗，是大多數人也繞不開的課題。許多成就不凡的人也經歷過失敗，也可能試過渾渾噩噩的過日子，你從他們當年不堪的狀態很難看得出他們將來成就的影響。另一些一直在混日子的人，除了喝醉後的豪言壯語，終其一生也沒有重大的成就與改變。這中間的關鍵在於，有一些人在失敗以後，漸漸開始反思並有所改變，把失敗的經歷化為承載自己未來人生的能量。有一些人失敗多次後仍只是自怨自艾，把失敗全部歸咎於外因，卻難以在失敗中獲得成長。

古老智慧說少年得志往往不是什麼好事，關鍵不在於年齡，而是在缺乏人生歷練下，因機會而得以超越自身承載的財富與能量，太易的成功很易會演變成自我膨脹，繼而失去平衡以及自我反思的能力，也不能判斷客觀因素變化，埋下更大失敗的伏筆。挫敗，對一些人而言是純粹的痛苦，對一些人而言是祝福。即使你喜愛的是簡單平凡的日子，也難逃人生中各種不由我們投入與付出就可以控制的挫敗考驗。我們不一定要追求什麼卓越成就，但我們不應該放過完善自己的機會，當你不懼怕失敗，你就可以無所畏懼的應對人生中的風浪，變得從容自在。若然真的遇上極大困難的時刻，可以學習像樹木一樣會在秋冬先行落葉，只保留核心軀幹，挺過了冬天，當下一個春天到來時再次伸出枝葉去把握機會。

天助自助者，沒有人可以助你去把握機會，也沒有人可以把一個放棄走路的人，扶起來再次奔跑。遇上困難，抱怨是正常，沮喪也是正常，只要你沒有放棄前行，總會在未來的路上有所收穫。如果不幸遇上重大困難卻無力解決的時候，你很可能會陷入沮喪繼而感到憤怒，憤怒的能量卻可能令你陷入情緒的低谷。你可能會嘗試求助，卻很大機會發現沒有什麼人能提供實質性的幫忙，當你認定某些人應該幫助自己時，卻很可能只會引起進一步的失落。古人有樹倒猢猻散的說法，雖然這不一定會發生，事實上卻是個人與事業陷入失敗困境後最常見的狀態。陷入困難時自然很想有人拉一把，有時痛苦地瑟縮一角，心底也存有被拯救的想法。可是錦上添花易，雪中送炭難。但多數情況下，尋求身邊親朋好友的援助，獲得更多的只是語言上的打打氣，什麼希望在明天之類的空洞鼓勵，也許可以請你吃一餐飯，如能給予你一些完全不用償還金額的小額金錢幫助已是仁至義盡，這些幫助並不足以助你解決眼下的困難。即使親如父母，只要兄弟妹妹眾多又或資源能力所限，也可能愛莫能助。你可能整晚睡不著，看著天花板透著窗外月亮

的倒影，甚至眼中的淚水在左邊及右邊滑下臉龐，感到好像花光了所有力氣，卻仍然想不出解決辦法，也許還會感到自己被世界遺棄了。你會發現自己再沒有依靠，你的唯一依靠只有自己，你只有憑自己站起來，有時甚至需要有破產清算再重來的精神，捨棄一切曾經擁有的東西的執著，才能重新開始。這種心態轉變的時間越快，越快重整個人生命力。放下了背上無力再支持的沉重負擔後，既然沒有什麼可以再輸了，就算不會變得更好，也不會變得更壞的時候，你就會開始變得無所畏懼，繼而重拾生命力。活著的真諦，不在於成功，不礙於失敗，只在於你有沒有向前走，一步又一步的向前走。

想當贏家，不願當輸家，是人之常情。社會總喜歡把事物作簡單的黑白二元分化，讀書時以成績劃分，有高分的，低分的。出來工作後，以收入劃分，有高收入的，低收入的。社會地位，自然也有高與低。贏在起跑線的故事永遠充滿市場，因為許多人在缺乏思考下，只知道其人生的目標就是要當贏家，卻沒有人解釋給他們聽，當了贏家以後是否就等於人生功德完滿。有一些人，比如孔子，即使被身處的時代判定的失落者，人生落難時還要被路人隨意譏笑，卻在後世產生巨大的影響及成就。孔子認為即使天下無道，自己仍會明知不可行而行之。他在當時的社會不被普遍地視為贏家。如果用今天世俗的尺，純粹按物質生活水準與收入去看，晚年落魄的孔子有可能被視為敗者。他的學說到了漢朝社會昇平之時卻大放異彩。他對後世的影響力，卻完勝春秋時代同期的其他擁有更多財富與更高社會地位的贏家。那麼，孔子是人生的真正贏家還是輸家？這視乎你用一把什麼樣的尺去量度，而這一把心中的尺將會影響你一生中的取捨與選擇。

沒有人的生命軌跡是完全相同的，每一個人都是各自走自己的路，有自己不同的際遇與經歷。有一些人走得好，是偶然。有一些人走得爛，是必然。敢輸才會贏。如果連向前走一步的勇氣都沒有，如果連小小的失敗都不能承受。你就會被困於自我設定的安全空間，而你的世界就會縮小甚至崩塌。如果你勇敢的向前走，你很可能要經歷跌跌碰碰的損傷，但你的世界將會大斷擴大，你必然會有更多收穫。收穫的不一定是金錢，物質，收穫的是經歷，而經歷就是人生的全部。人生不過是由有機物變回無機物的必然過程，一時的輸跟贏並沒有什麼大不了。在人生過程中你的真實經歷是如何，不是純然建立在客觀條件之上，而是在於你的一念之間，敢與不敢，選擇努力向前還是得過且過，跌倒後選擇爬起來還是自暴自棄。改變人生，不可以想，必須加以行動。敢輸而努力奮鬥的人，將不負此生！

敢輸才會贏

敢於不斷向前邁進
才能收穫更多

敢輸才會贏

什麼是成功，什麼是失敗？什麼是輸，什麼是贏？詩人杜甫在極度窮困下創作了〈茅屋為秋風所破歌〉，其作品卻被傳頌千古。作家路遙的作品有極其巨大的影響力，然而他的人生實在太窮困了，即使用盡全力卻一個安穩的生活與創作環境也爭取不到，窮得連去拿文學獎的交通費都要去借。如果拿世俗的尺去量度，他的貧困去到一個相當極端的程度。印象派畫家梵高，其畫作現今價值連城，是全球頂級博物館及收藏家的珍寶。可是在他生前作品卻是乏人問津，甚至諷刺者多於欣賞者，須靠親人接濟過著窮困潦倒的生活。

那些在時代中未能發揮其影響力，在物質生活上比較困難，看似輸在自己時代，卻能贏了人生的人，是值得尊敬的，他們達到了不負人生的境界。如果你認真的去思考，會發現人生中贏與輸的界線其實並沒有黑與白的劃分那麼簡單。只懂用直接金錢與當下地位去量度別人的高低，不考慮其處世與人品，其實俗不可耐。這跟開車回老家探望親友時只以誰的汽車品牌更高端作為成功者的標誌一樣，簡單粗暴的直接把人作簡單片面的定義與分類。

金錢主宰了現代社會許多的領域，彷彿無所不能。不少

人的目標就是以收入與財富來衡量，而親友圈子對個人能力的評價也經常以此作標準。有了錢就可以隨心所欲的消費，而不斷升級的消費以及累積財富就成了很多人認定幸福的唯一來源。彷彿沒有不斷消費與背後的財富，就必然地失去了幸福的可能。這一種想法一旦形成支配性的念頭，人生就再沒有了金錢以外的追求，金錢就是你的人生是否成功與幸福的分數，分數高的是成功者，分數低的就是失敗者。沒有了思想，品格，美學的追求，只剩下消費與財富的追求，不過是窮得只剩下錢的人生。千百年來終極夢想只為了累積更多財寶的商賈巨富，幾乎全都湮沒在時代的洪流之中，再也沒什麼人記起。個人能否影響後世，金錢卻難以發揮作用。比如在文學世界，金錢充其量可以助你霸占暢銷榜一段時間，可是文學世界只有一把尺去判別作家地位，這是一把以時間及影響力去量度之尺。你的作品在下一個世代是否仍然閃閃發光，還是早已被時代洪流沖走？金錢對此是沒有辦法產生太大幫助，也不能靠名人背書做到，而必須要靠作品本身的價值。

希臘人修昔底德在公元前五世紀編寫了《伯羅奔尼撒戰爭史》，他說自己創作的目標不是為了取悅讀者贏得喝采，而是為了創作出永恆的作品。這部作品成為研究國際關係及外交不可或缺的巨著，修昔底德陷阱這一名詞在當今仍不斷被人使用解釋國際關係。書中借助史實隱藏著不必要的衝突是否可以避免的巨大睿智，令著作千百年過後仍然產生巨大的影響力。有誰當過羅馬帝國的皇帝早已沒什麼人認識，可是公元二世紀被稱為哲學家皇帝的馬可・奧理略（Marcus Aurelius）所著的《沉思錄》直至今天仍有其讀者，單是中文翻譯就有很多不同版本。他的思想比他個人在政治及軍事上的聲望流傳得更久。

中國古代有數之不盡的兵法，三國時代的曹操就說自己看了三十多家不同的兵書。在眾多兵書之中，只有《孫子兵法》直到今天仍保有相當的影響力，絕大部分同時代流傳的兵書早已不合時宜被時代淘汰。其提出的不戰而屈人之兵，善之善者也的精神，一直影響至今。孫子在軍事上的成就遠不如他著作《孫子兵法》所產生的影響力，事實上個人成就與其文學地位往往沒有太大的相關性。

許多影響力巨大的中外作家，比如魯迅，叔本華，卡夫卡等人，他們的作品最初的發行都是沒有什麼銷量可言的。如果你看到一些當代作家不斷以作品數百年後仍有沒有人會看，去作為其他作家好友新作的評價，你就會明白文化的尺，與世俗圈子的尺真的有點不同。能暢銷當然好，但對於更多不是文字商品寫手的真正作家而言，真正重視的，是其文字與思想的影響力，這是一種金錢買不來的東西，卻是作家最珍而重之的瑰寶。而要達至這一目標，你必須要有敢輸的精神，因為你永遠不知道作品能不能出版，究竟有沒有讀者，作品出版後會否毫無反響甚至劣評如潮。未來的成果完全不確定，卻要先付出大量的時間去埋首寫作。可是作品在完成前只是一堆沒有價值的原稿，創作的過程就像進入了漫長黑暗的隧道，而你只能依靠心中的信念與意志力量走出隧道，卻不知道出口處有沒有光明。然而也只有這種能耐的人，才有機會獲得金錢與權力買不

到能跨越時代的影響力。這個概念在其他如建築與音樂等創作的領域也是同樣適用的。

你有沒有受到世俗價值觀影響，扭曲到你內心的方向舵，用上了一生的時間航向了錯誤的地方，達成了所謂的目標，反而感到困惑與痛苦迷茫，卻不是成功的喜悅。大多數人不需要也不可能以立德，立功，立言去流傳後世，許多人的最真實願望只是簡簡單單的好好過日子。然而你有沒有認真想過，你其實有能力更好的改變及影響身邊更多的人和事，令自己與周圍的人更愉悅，令簡單的人生有更多的色彩與更多的經歷。一切往往只是由改變內心中一個想法開始，如何決定人生方向，這是一個非常重要的人生問題，千萬不要輕輕帶過。

很多人的成長過程都是按部就班的升學，從小學，到中學，到大學，到找工作，小心翼翼的跟著預設的軌道被推著一直向前走，卻很少人很認真的思考自己的人生軌道其實應該怎樣走。我因緣際會與社會不同層面的人結緣，在生活的實踐中慢慢累積了很多不同的觀點與想法，尤其是人生態度與處世的方法。如果把一些積極想法寫出來，授人以漁，何樂而不為，這就是創作這一本書的源起。這是一本涵蓋由教育，工作，情感，人生難題，個人與社會關係等等題目的書。我花了很長時間思考這些沒有絕對答案的題目，在書中提供的只是一種參考觀點，不一定適於用不同的人及不同的處境。只要能引導你思考相關問題，助你找出自己內心中的答案，已經達到了我的創作目的。

敢輸的故事

許多按結果來看被認定為成功的人，其實往往先經歷過許多非常難堪的失敗。成功的人跟失敗的人，其實可以是同一個人，視乎你用哪一個時間點做觀察。人們總是以最後的結果決定了對成功與失敗的判斷，而不太會考慮別人的奮鬥過程與態度。比如馬雲的創業經歷，他最先開了個翻譯社，之後也搞了一個中國黃頁，並未能成功開花結果。如果時間回到一九九零年代，當時的人可能定義他是一個只有想法的失敗者，事實上跟他同期互聯網創業的人大多數都倒了下去。如果他沒有遇上工作上的夥伴以及生意上的貴人，資金耗盡後倒下去只是時間問題。當然，在今天你只會聽取到歌頌他後來成功的故事。他是在第三次創業時才成立了阿里巴巴。

馬雲沒有被接連失敗擊倒，是因為他擁有敢輸的精神，輸了後停頓一會整理一下，又再次重新上路。沒有人知道一個人承受失敗的極限，也許再倒地幾次連馬雲也會站不起來，選擇放棄而尋求安穩。但這個世界總是有一類人倒地許多次後仍是會嘗試站起來尋找新的目標，不放棄的精神跟生命的求生意志一樣的強大。也許有人會認為馬雲當年沒什麼好輸，所以才敢去輸，其實敢輸的精神並不限於某一出身與背景。阿里最初成立之時，有一位祖輩皆為律師，畢業於耶魯大學年薪數百萬

的年輕人蔡崇信，甘願放棄高薪厚職，只拿五百元人民幣的月薪跟馬雲一起近乎由零開始打拼事業，就更令人嘖嘖稱奇了。當時蔡崇信才剛結婚並有了小孩，如果你代入一下他妻子的角色，聽到類似的劇情應該先懷疑丈夫是被什麼人洗腦了，必然拚命加以阻止。但這位睿智的太太認為如果就此阻止，大概丈夫會遺恨一輩子，她親自拜會馬雲後，選擇支持丈夫的決定。這不是一個平常妻子會做的選擇，所以選擇對的伴侶，也是考眼光的事。這位年輕人成了後來阿里的領軍人物，他把馬雲的想法轉化為實踐，用上自己的人脈與能力，從投資銀行高盛牽頭下獲得第一筆極為重要的五百萬美元融資。沒有馬雲，蔡崇信應該會是一位優秀的律師，沒有蔡崇信作為馬雲的左右手，也許今天的阿里的故事是另一個版本。今天他們兩人的個人財富都以百億為計算單位，其創立的公司影響了千萬家庭的就業與生活。如果他們沒有了敢輸的勇氣，一定不會贏得今天的成果。

其實阿里巴巴的故事背後還有另一位敢於冒險的大贏家，他就是白手興家的投資家孫正義。孫正義當年從投資雅虎中獲得巨大的成功，獲得了大量可以投資風險項目的資金。當馬雲的公司獲得高盛第一筆融資後，他找上了孫正義，只用了數分鐘的時間，孫正義就被眼前只有經營理念，沒有商業模式的計劃打動，並願意投資二千萬美元。如果沒有敢於冒險的精神，不可能做出這樣的決定，這是一個兩個商業瘋子相遇的故事。孫正義在日後多次增資阿里，包括二零零三年推出淘寶網時再增資八千五百萬美元。直至今天，孫正義的軟銀仍是阿里的最大股東，這筆投資獲利以千億美元計算。不過後來孫正義因為習慣了冒險就有回報，開始更瘋狂的進行收購，不斷以高價收購難以看到盈利前景的公司，有很高比例的項目都是失敗收場。他成立的願景基金似乎成了創投界最慷慨買家的代名詞。大家必須要理解到，敢輸是建立在可以贏或是有可能贏的基礎之上，而不是盲目的勇敢。這跟傳統徽商哲學中吃虧要吃在點子上的智慧一樣，不是盲目的吃虧，不是盲目的當好人，不是盲目的冒險，不要被一時的勝利沖昏了頭腦，這種平衡的智慧一定要掌握得好。

一個創業者能夠贏到的不只是個人的利益，一個商業模式的出現更可以影響大眾的生產以及生活。比如許多互聯網平台及現代物流的出現，打通了資訊及物流的原有限制，令很多居於較偏遠地區人的購物需求得以滿足，令很多生產者的貨物得以大面積流通。其影響等於把道路修築到原本出行困難的村落城鎮，從此可以互通有無。許多人的生活出現巨大的改變，很多相關事業得以發展，影響千萬人的生計與生活。任何新事物的出現也可能會打破舊的平衡，當然有一些新的模式如果涉及資源壟斷與限制，這就需要監管，需要平衡。如果新模式是一種破壞性創造，總體而言社會長遠將會得益，而這些得益，不單是敢輸的創業者能夠得益，也是社會整體性的得益，因為社會可以因此而進步及發展。

贏家的果實

時代不可以複製，故事不可以複製，但是態度可以複製。勇敢不一定是贏家，可是畏縮不前的，就會永無機會吃到成功的果實。贏家的果實是一種付出巨大努力與艱難的人，去創造去貢獻去發揮影響力，才能品嘗到難以言喻甘甜味道的果實。有些時候即使到達不了預期目標，卻仍能品嘗到這種美味，這是只有奮力向前者才能感覺到的這種甜味。這是一種即使老之將至，即使財富聚了又散後，仍覺得自己人生沒有白活一場的甜味。純粹揮霍祖輩積下的財富可以獲得一時的快感，卻永遠吃不出這種在心中巨大而且持久的甘甜滋味的。

我只喜歡去認識真實的世界，無意推廣敗者的美學或者心靈雞湯。敢輸的人，往往是要面對最多失敗可能的人，不過他們往往也是人生中收穫最豐富的人。安穩的路，其實也適合廣大的人群，因為失敗的過程往往非常難受，不是誰人都可以輕易爬起來。安穩並不代表無價值，一個普通人努力工作，孝敬父母養育下一代，看似匆匆過了一生，卻不要忘記自己其實一直在播出幸福的種子，不一定有大成就也可以品嘗到收成的甘味。通過努力奮鬥與創造價值而來的幸福感，是最持久的快樂與滿足感的來源。這種快樂並不是單純獲得更多財富與地位就能獲得，所以有一些人名成利就以後反而會患得患失，內心感受不到多少幸福感。如果你創造財富或努力改善自己的個人生活水平的同時為社會創造價值，你會獲得物質享受以外的幸福感回報。

想獲得贏家的果實，多數的人是先求穩定再圖發展，這是人生中很合理的選擇。一個社會要想進步，還需要有一批更加進取敢於冒險，並且願意接受一次又一次失敗試練的人。這種創新精神，是社會經濟發展進步的必然要素。如果你認識一些在學術界富有研究成果的人，你很易觀察到他們有強大的熱誠推動自我研究。他們當中謙遜的外表，掩藏著不怕輸的研究精神，才能在充滿失敗可能的研究中找到突破性的發現。他們唯一害怕的輸，是無所作為浪費生命的輸，而不是結果的輸贏。贏了當然更好，失敗了也沒什麼大不了，再找下一個題目繼續努力。做人處世如果畏縮不前，一旦沒有人硬推就失去動能，沒有誰可以取得巨大成就，連找個案例出來也不容易。可是又有多少的家長會主動培訓孩子自我挑戰及應付失敗的能力？這不是參加外展訓練玩繩索，或旅行時爬登了個什麼山後上傳社交媒體獲得點讚。而是要建立冒上確切損失的風險下，仍能勇敢前行的態度。即使失敗了，懂得不會因為達不到預期結果而過度自我怪責，可以在自我檢討後迅速重整繼而再次起行。在人生的漫長過程中，學業可能失敗，工作與生意可能失敗，婚姻可以失敗，財富可以蒸發。如果成長中不懂得應對失敗，很容易遇上挫折就會倒地不起。

能夠規避失敗的最佳方法，就是什麼事都不嘗試，什麼

風險都不願承擔。可是這不正是人生最大的失敗嗎？如果你被必須要成功與穩妥限制了自己一切的可能性，就算遇上相互有好感的人，卻擔心性格會否不合，擔心父母是否喜歡，擔心將來會否變心，即使機會在眼前也只會白白流失。要變的自然會變，要留的自然會留，你想太多可能性也影響不了結果，最大的影響是你連第一步就無法向前，不先了解又如何作判斷，又如何再往下一步走。人生，不過是一步又一步向前走的過程，我發現有些人的世界一步又一步的越走越寬，卻有一些人早已劃地為界，向外寸步難行。很多時，你生活的世界的寬廣程度，是由態度上的一念之差決定。

長輩往往天天督促我們要專心好好學習天天向上，卻沒多少人跟你提及態度的重要性。倒地了不要緊，失敗了不要緊，敢向前一直勇敢走的，不論結果，也是生命中的贏家。人生不外是從有機到無機化的過程，沒有人是例外，無論你有什麼外貌，學歷，地位，財富大家都殊途同歸。沒有什麼贏是永恆的，也沒有什麼輸是永恆的。真正重要的，是你選擇怎樣去過自己真正的人生，找到樂趣，找到意義，不負人生。結果不重要，所謂成敗也不重要，為喜歡的事情去奮鬥去努力，就是人生的幸福所在。

錨點

人生如同海中飄泊
沒有定下錨點
很易迷失自我

成長的錨

有沒有想過，為什麼有一些人名成利就後仍感到不快樂。有一些退休後沒有了原有的身分與地位，就喪失了自我的價值與認同，感到非常痛苦。最根本原因是，你一直所追求的並不是你心底最想要的東西，而是別人認為你付出任何代價也一定要得到的東西，比如學歷，金錢，名聲，社會地位。得不到還好，可以不明所以的在苦苦追趕目標，真的達到了目標反而是更大的迷茫與痛苦的開始。

其實如何教育及指導下一代成材是一個永恆的題目，沒有多少家長天生就是教育家，其實大家都是摸石頭過河，見步行步。很多時，家長會專注於某一階段的能力培養。從最開始小孩懂得爬行，走路，認字，然後開始上學。慢慢地家長的重心就轉向了功能性的培養，在不斷與同齡小孩的競爭中迷失自己，而忘記了教育子女的最大目標是令其能自立成材，按自身特點發展。有時甚至連孩子也不再親近自己，認為父母是壓迫的象徵。培育子女成材不是為了讓子女變成別人眼中的模範才子才女，而是能自立地過自己的人生，應對人生中各種未知的風浪。

現今社會的總體資源比以往更多，有許多盡心盡力助子

女成材的家長，令新一代備受呵護，多才多藝，學科知識豐富，很多小王子及小公主的出現。可是很少人意識到，很多新的一代往往缺乏了對真實世界的立體認知，習慣了要求被滿足，強調自由卻忘記了義務。不少人早已缺乏了承擔能力，喪失了奮鬥精神，也沒有了接受失敗的勇氣。有一些優等學生，遇上情感挫敗卻認為是天塌下來，學業及生活受到巨大重挫，甚至崩塌，這就是忽略立體培育的風險。即使下一代精通八國語言，看似十樣全能，卻在人生路途上畏縮不前，往往連自立都成問題。人生之中不是努力付出就必然有好收成，但不付出就難以有好的結果。再勤奮的農夫怎樣鑽研技術提升也難敵天災，誰人都會被災難性逆境打倒地上。只是內心強大的人不會被徹底擊倒，而是提升自己，等待環境轉好時拍拍身上的灰再次出發，即使沒有絕對把握，也不放棄任何可行的機會。相對而言，只能過無風無浪編程人生的朋友，人生路途上遇上事業感情挫敗後隨時一蹶不振，因為他們接受不到投入與結果可以不符的狀態，認為努力後就會有好成績，奮鬥後就一定事業有成，盡心去付出就可以收穫愛情。沒有考慮真實世界是因緣際會而形成的，有很多外在因素非個人能控制。這種朋友往往受到一次沉重打擊後再也站不起來，即使象徵機會的發光球在身邊擦身而過，也沒有動力去伸手接住，這不是命運的宿命，而是內心脆弱者的宿命。內心的脆弱是後天形成而且可以改變的，能否改變往往只在乎一個想法的轉變而已。

奮鬥精神與承擔能力的缺失，衍生出無病呻吟的一族。拍一張證件照不夠帥也可以吐槽半天，喝了杯飲品拍個照沒多少人點讚，也會覺得天掉下來。動不動一個小挫折，此如買不到想要的，做不到想做的小事，就認為自己的人生是在活生生的上演慘情悲劇。有時忍不住想說，能不能活得像個有承擔的人！在溫室培養下，草莓一族，草食一族其實不在人口的小數，而且跨越國界。也難怪日本的大前研一忍不住寫了一本《低欲望社會》，不過一位觀察家向社會的提醒，只是像向巨湖中投以一塊石頭，除了激起一點點的漣漪，事實上沒有多大的實際作用。要改變風氣，必須從成長培育做起，要孩子從小學會對家庭對社會有相應於年齡的承擔。如果缺乏有承擔能力的新一代，社會就更加快速陷入老齡化，不只是退休年齡推遲這麼簡單，而是稅費不斷上升，新的一代更無生育動機的惡性循環之中，這會引起群體的自我消亡，是不可不察的社會事項。

沒有人可以永遠為子女打開保護傘，他們必須要自己去走自己的人生道路。對子女最佳的保護不可能只靠提供物質財富建立保障，而是要讓其理解真實的世界，像打預防針那樣提升逆境戰力，助其找到人生發力的目標並應對不同的人生風浪。請你認真地思考並優化自己的教育方式，為了你自己，為了下一代，改變，永遠不會太遲。

你有什麼教育目標？如果你擔心子女要承受失敗的痛楚，認為迫使他們做任何不喜歡的事就很不爽。你可以採用無為而治的教育，教導子女存在即是幸福的道理，人生中快樂就好了。乍聽沒什麼不妥，無為而治的教育其實是完全把成長交由

身處的環境去影響，自己不做干擾和指導。如果你處於一個很封閉的成長社區，比如身處大學附屬的幼稚園，同輩中人背景教育相近，也許無為教育也不壞。如果環境因素沒有影響，家長可以不用任何投入與指導子女就能自然成材，孟子的母親就不用這麼辛苦三次遷家了。但事實上我們的孩子都身處各式各樣群體共存的學習環境，不教導就可能會是非不分，好壞難辨，隨波逐流。

存在即幸福也是最易滿足的快樂要求，是應對不確定的一種思維，本身亦無不妥。重點是人生中的積極性要調動出來，不是什麼都不做就最幸福，而是建立努力嘗試，專注並奮鬥其中的精神，對成敗與結果處之泰然。因為我努力過，不負此生，每一天也是存在即幸福。同一個思考方向，就這一點點積極與消極性的思想差異，整個世界的真實面貌將會大不一樣。

要培育子女成才，學術及能力上的培養必不可少，可是態度的培養卻被很多人所忽略。大家教育孩子報各種學科及技能培訓時不遺餘力，卻很少有人去認真培養孩子的態度，連相關的培訓也不太存在。究其原因是大家認為這是不需要花錢的，也不需要學，是自然而然可以領悟的。可現實是在沒有指導下根本沒多少人能自行頓悟。很多處世態度是一代又一代之間傳承，很少有人公開教導。可是一些人根本從小就沒有可能遇到合適的人做出提點，犯上很多錯誤後才能領略到一點，到那時人生的軌跡已定，也可能無法改變了。

家庭的錨

家庭是社會中最小的單位，是避風的港灣，也是利益的共同體。可是家庭也可能是矛盾的根源，家庭能否發揮正面作用，視乎內部成員是否能互相體諒與愛護，以及對下一代教育與品格的重視。大家平日想像看似高不可攀，在不同領域的頂尖人物是怎樣對孩子進行教育的呢？如果你以為這類家庭會因為富裕而對子女多數採取完全自由式教育，子女想要什麼有什麼，你就大錯特錯了。其實他們的家庭教育很可能比一般人家更嚴謹。對家風，禮貌，道德，對人尊重的要求比普通家庭有過之而無不及。如果你不知道他們的背景，只知道眼前的是一名溫和，謙遜與博學的年輕人，跟富二代的典型印象沾不上邊。家庭資源豐富的大家族，後代雖然可以依賴祖上庇護而過上優渥的生活，很多時這類家族對教育培養及奮鬥精神的建設也是非常重視的。新的一代可以經過努力嘗試而失敗，卻不可以坐享其成不用努力與奮鬥。個人的處世智慧，因為缺少了經歷，沒有人提點，個人很難自行領悟得到。這也是我打算出版這本書的一個重要動機之一，希望能幫助更多人去成材。不只是能力，更重要是態度的培養，而態度培養又從最切實可行的生活習慣開始改變。

有多少人想到銀行家族的後代在學生時代錢包中竟然僅有

搭單程計程車的錢在其中。口袋中根本沒有錢，自然也沒法任性。許多富裕能過三代的家族深明一個道理，在未建立駕馭錢的能力之前，過早給予孩子太多金錢與物質享受的重大害處。他們兒孫輩當中的許多人比一般的人群更重視奮鬥精神，很多自少就養成閱讀及觀察世情的習慣，對學習非常重視。他們亦不會使用看似隨手可得的特殊優待。在有良好校風及聲譽的學校中，不同背景學生在求學階段日常跟其他同學的待遇是一樣的，沒有誰會胡亂搞差異化，因為這會讓其他同學從心底裡看不起的。

真正有格局的各行各業領軍人士的後代，身上往往沒有太多的名牌物品。千億級家族的孫女兒們在學校出了名的簡樸，上學時連一個普通名牌手錶飾物也沒有。反而她們的部分來自新近富裕起來家庭的同學看上去比她們貴氣得多，追趕國際新款和潮流，生日派對非常豪華。這是不同家風的明顯分別，你亦應該明白到不同的家庭也許都成功進入了富裕的狀態，但是境界層次其實有很大的差異。這些層次不一定是俗氣地用錢就可以買回來的。中國人的修身，齊家，治國，平天下的人生成就層次當中，要達至第二層的齊家已殊不容易，而教育就是其中的關鍵。這裡指的教育不只是學科上的教育，不是只為了要在班上考第一，然後去哪兒深造或留學，為的是爭點親戚朋友間的面子。而是待人處世的態度，價值觀的教育，懂得為社會創造價值，懂得飲水思源。如果沒有從少培養，長大後習慣態度就難以改變了。家庭中的人如果能建立起互相支持，就可以成為應對外部風波的錨點。

自我認同的錨

人生最大的錨點在於我們自身，要認識自然萬物與四時變化的規律，順應自然發揮所長。而其他的一切，不要看得太重，否則你很易迷失。你太在意父母的看法，你太看重別人的看法，你就會失去自己的方向。也許你的想法跟他們的想法不一定是對立的，只是你陷於迷失狀態後，就不知道自己究竟在做什麼，為什麼這樣做，有些時候你會感到很痛苦。一個過度敏感的人，會令自己以及身邊的人都很困擾，因為大家都不知道什麼眼神動作與語言令你感到不舒服，動不動就小題大作，動不動就生無可戀。相對而言，跟不介意被否定，卻有一定自省能力的人一起相處，會自在得多。

人生在世，如果你有能力，不招人妒是庸才。在個人成長的過程之中，不被別人否定才是奇怪。當然有一些否定往往令人相當難堪，比如父母對自己能力的否定，同學之間的能力否定，被喜歡的對象否定，夫婦之間互相否定對方的一切貢獻，那種被人全盤否定的感覺讓人相當難受，離婚之心都會出來，這是人之常情。

如果你的生命的意義定為對伴侶做到最好，如果伴侶做出任何背叛的行為，你的世界隨之崩塌，這是很可怕的風險，因

為你的命運完全被他人的行為控制。你的世界，應該由自己主宰，不是由任何人，因為沒有人可以代你過自己的人生。如果你的世界的軸心建構在自我信念之上，即使你的行為沒有什麼不同，當遇上被否定的挫折時，當你以往的一切努力與情感都被完全拋棄之時，你還有你自己。只有自己的信念可以當自己的錨，這是最可靠的靠山。

出來工作，被否定，被批評是正常，被解僱，被漫罵在職場上也時有發生。如果你非常在意工作團隊對你的評價，你會活得相當痛苦。被否定了，你可以查找自己的不足，加以改善。可是有一些否定是無理否定，這是無處不在的，比如你不夠高，你不夠瘦，你外表不夠可愛。我們無法改變所有客觀條件，也不可能把自己完全改變去迎入某些人的觀感。如果一些客觀條件難以改變了，既然無法改變，就只能接受並接納，並在有限條件下盡力而為。我們能夠做到的是不斷完善自己，不要懼怕失敗，不要懼怕否定。一件事做不好，不代表所有事都做不好。與一個人相處不來，不代表與所有人都相處不來。一份工作不能勝任，不代表所有工作都不能勝任。專注自己可以做好的事，做自己認為有意義的事，不要過度介意別人的看法，也不要封閉自己拒絕進步。我們不怕否定，只怕拒絕進步與成長。

良知的錨

我用了很長時間對世界的觀察，人類與其他生物的最大差異，是我們當中的許多人心中存在了良知的種子。這跟孟子的性善論並不完全相同。因為這顆種子有時不一定會發芽，只落在內心中的某一角落。然而即使在最匱乏，最動盪的年代，仍有很多人受其驅使，保護那些被認為不應被保護的，救助那些不應被救助的，同情那些不應被同情的。擁有良知的人沒有非黑即白的把人劃分，沒有被浮躁的輿論影響，良知能不分界限地存在於廣泛人類的心中。

匱乏和狂熱是良知的敵人，不過身處於資源豐盛的年代，也不見得良知會自動茁壯成長，尤其處於狂的物質攀比年代。相反即使人類社會出現異常凶殘的戰亂年代，一些擁有良知的人不分種族以及界限，不分時代，仍甘願冒上危險去保護心中良知的種子，並等待合適的時機付諸真實的行動。良知是連結世界不同時代，不同特質的個體的一道橋樑，這是令不同國籍，不同成長背景的人能互相理解並和平相處的一個共通基礎（Common Ground）。

良知是深藏在每一代人身上的特質，卻需要認知與尋找才能發揮影響。有更多時候，體現個人良知的反而是日常的生

活，不一定有多偉大，從己所不欲勿施於人開始。良知不是萬能的，良知的小苗會不斷受到攻擊與挑戰，良知會與內心的欲望，自利，甚至惡念交戰，只要你在困難時沒有完全放棄良知，有時候良知的小苗卻可以逆風成長，建立起難以扭曲的內心準則與信念。

在今天這個世俗化的世代，金錢以及物質條件的追求成了許多人的信仰，而其他的社會貢獻以及良知教育，在相當程度中顯得蒼白無力。認同的人少，不代表所有人就會放棄理念。不同社會文化設定的道德標準經常在社會變遷之中改變，固定的道德與禮教標準經常被推倒。良知不是衣服外面掛著的一個標籤，真正的良知只能被自己喚醒，因為只有你，可以幫自己心中良知的種子發芽成長，而不是擺一盤人做假花在那裡做擺設，有形而無實。我始終相信，人性中的良知，是不會輕易被時間與金錢徹底湮滅與改變。因為這同欲望與自私一樣深藏在我們的內心之中，否則在經歷嚴苛自然環境變化時多數人在沒有幫助下被淘汰滅絕，在原始時代已有的群體武力衝突就可以把人類社會陷入無止境的紛爭，人類社會就會難以延存至今天並有如此的發展。雖然個人做決定時總是在與多因子博弈，但社會總體的良知不可能被摧毀只可能被埋沒隱藏，因為良知的種子一直藏在許多人的心中。

在二次大戰爆發之時，身處該時代的日本著名作家絕大多數都沒有為軍國主義的政府做任何宣傳。他們並沒有在做什麼事，只是沒有做認為不該做的事。背後的簡單動機，只是遵從自己的心底良知與意志，去對抗一個扭曲人性的年代。很多人不明白文學的作用，古人說文以載道，文學世界的許多不朽作者，往往是人類文明的良心。這些人看似多種多樣，有一些人甚至看似離經叛道。不過對絕大多數有力量而不是為了創作文學商品販賣的作家而言，我很少見過有誰的作品之中會徹底喪失人類的良知。人類的一些行為，有時候不是以個人利益最大化為考慮。如果有一種能量，能照亮人生中最黑暗的角落，相信就是這一種人性的光輝。

在講求競爭文化的今天，在這個追捧贏家，譏笑失敗者的年代。我們更需要思考人生只是為了生產更多與賺更多的金錢，還是更多的生產與創造讓廣大人群的生活變得更美好。科技是我們可利用的工具，還是我們被科技所支配。一念之差，結果天淵之別。我希望更多的人不會忘記了心中良知的種子，只要這本書能幫助多一顆良知的種子發芽成長，本書就有了其存在價值。

時間的錨

許多人在孩童時代總是希望自己快點長大，可是人真的長大以後卻往往陷入了無盡工作與責任之中，有時會倒過來懷念年少之時如何無憂無慮過日子。許多人成家立室，在生兒育女之後，不知不覺時間都不知道去了哪裡，然後自己就變老了。當然每一個人的軌跡並不一樣，在當今單人住戶家庭比例在不斷上升中的世代，有一些人的雜務少一點的時間會過得慢一點，可以有更多時間給自己。問題是歲月無聲，歲月也無情，個人總不能抵抗老去的自然法則。如果以整體社會的角度去觀察，你看到個體老去的同時，也會看到一些人在成長。如果你關心的是自己，你看到的老去就真的只有衰退。

無論你的選擇是什麼樣的生活形態，很重要的是還有沒有你所關心的人，以及還有沒有關心你的人。一個單身者，年輕時會很瀟灑自由，也許你還有關心你的父母，也許還有一起結伴的朋友。當年齡去到五十以後，父母總有離去的一天，這時候很多同齡的人為了家庭拚命，難以經常聚會。你會突然發現，自己陷入孤獨狀態，因為沒有了關心你的人，你也沒有了可以用心之處，夜闌人靜之時，剩下的可能只有軀體消逝的恐懼。

時間並不等人，即使你什麼都不做，時間還是一點一滴的過去。誠如馬可・奧理略在《沉思錄》中的建議，我們別以為自己擁有千年的時間，該做的事情就不要拖延。有一些事情與緣分，在某些時間過去後就無法追回。這是一個不婚與獨身主義盛行的時代，個人當然有選擇如何過日子的自由，包括自己一個好好的過生活。然後有很多人不是真心的想獨身，而是找不到那個對的人。而更大的問題是，那個對的人在現實中根本並不存在。你不可能叫醒一個裝睡的人，只有自己才擁有打開封閉的心靈的鑰匙。如果封閉是因為成長的經歷中受到傷害，封閉對你而言就是一種自我保護的機制，沒有投入與付出就沒有傷害。可是對心中希望之火並沒有完全熄滅的朋友而言，你若不是真心熱愛孤獨，也會對在這世界活過而沒有任何痕跡，你沒有可牽掛的人亦沒有人會掛念你，對一個人的老後焦慮不安。也許你心底是希望改變，只是希望像童話故事般有欣賞你的人闖進你的世界把你拯救出去。可是最大的問題是你不可能遇到一個不存在的完美對象，能否改變關鍵就在於你的心有沒有意願跟客觀環境做調整，不是屈就，而是發現。有些發現會成就許多新的可能，我們總是需要往前走才能發現更廣寬的世界。

迪士尼創作了一部以墨西哥傳統為背景名為《玩轉極樂園》的電影，電影之中個人的生命，不會因為肉體消失而結束，只要有活著的人還記得你，你就存在活著的人心中，這是有一定文化深度的動畫片。如果你目前一個人能過得很好，也有喜歡的活動，也有喜歡的朋友，這也是一種不錯的狀態，只是當你老了以後，總有一些失落難以填補。當然就算子女眾多

也不一定有孝心，不管你年紀多大，不管你還有多少親友或是單身一人，請考慮多與人結緣，而且是結善緣。這是我們應對歲月變化的錨，因為這些緣分不會因時間而全部消散，你對於他人的影響力將會在長時間發揮影響。

理解時間的錨亦對於我們如何安排自己的工作與作息非常重要。有一些人年輕時不斷超限工作，為的只是將來退休時可以享受人生。這也許是很多辛勤工作者的美好幻想，也是很多理財類廣告植入的潛意識，彷彿人生就是為了準備退休。退休是好是壞，視乎幾個條件，比如你的身體是否健康，你能否持續應付退休後的財務支出，你仍有沒有可以發光發亮的點。

一般來說，統計上老人家能沒病沒痛身體自由的年齡大約可維持到七十多歲至八十歲左右，之後就會出現各種身體上的不自由。人體老化是無可避免，科學最多能延緩，卻沒有什麼方法可逆轉，正如我們的大腦細胞每一天都在減少。就算外表上用上各種醫療科技能逆轉了一會，時間一長，還是打回原形。面對只能接受，不能對抗，這跟老人與海的故事結局一樣，無論老漁民的個體生命如何奮鬥，到頭來仍是只剩一副魚骨拖回港口。只是對意志最頑強的個體而言，彷如一生與大海搏鬥的老人一樣，發揮力量直到最後。只可以被摧毀，卻不可以被打敗。退休，如果認為只是混吃準備等死，這就真是無聊透頂。由退休一刻開始就變成了鹹魚，似乎不是多數人的夢想選項。所以比起想像如何退休享受，不如思考如何享受今天的生活，為人生多找樂子，將來退而不休，能充實的過日子。

人生的錨

我們都是被動地被帶到這個世界，人生本來沒有絕對的價值和意義。價值和意義是由個人自我確立目標後實踐出來。而教育以及成長過程中遇到的人與事，會影響到下一代對自我確立人生的價值和意義。如果認為人生的意義就是賺更多的錢，很多人就會變成不擇手段去賺錢的可怕機器。如果認為人生的意義就是個人自我追求極大化，在追求自我的同時就會忽略對家人，對社會的廣泛的影響。一些人即使富裕起來，並不去思索如何令身邊的人受益，而可能以踐踏其他人不如自己為樂，認為沒競爭力者自然該被淘汰。相反地，如果認為人生的意義就是自我實踐並有利於社會，社會上大多數人都會受益，即使一些人變得富裕後仍會思索如何令其他競爭力較弱者能一起受益，一起去分享更大的社會福祉，並形成更有幸福感更有生命力的社會。

每一個人都是獨特的個體，有其獨立的特性。任何人不可能跟其父或母完全相同，母親內的嬰兒是一個獨立於母體的個體，個體特徵甚至血型等都不盡相同。人類的生物性演化機制迫使任何個人的基因在時代中必須要不斷改變和進化，而改變的過程促使了人類不斷進化與進步。我們沒可能把世上的事物包括我們的社群保持原狀，而需要不斷變化去適應環境。我

們必須要知道，每一代的人都是獨特的，有不同的成長背景與經歷。而成長的目標也難以固定不變，我們不可能只追求特定的職業或成就，而更大可能是達至某一個狀態。自立生存，並成為社會上有用的人是最簡單又容易達成的成材目標。然後再往上設定更多的目標，一步又一步的不斷實踐，修身，齊家，治國到正面影響世界。個體以至整個社會都能受惠於奮鬥的力量，這就是理想的狀態。

每一個人的際遇都不同，我們不能期待每一個人都能達至傳統意義上的出人頭地，那是誰在你的身後當綠葉去映襯你。自立與自我進步就是成材簡單，對最廣泛的人群而言，是最有意義又可以實踐到的目標。當然不同的人有不同的想法，我的觀點只是給你參考。當目標定立以後，我們在本書的不同章節就會引導你思索如何去一步又一步的實踐。

建立生活的錨

人生在世，世事紛繁，很多人被生活推著走，有時甚至不知道自己在忙什麼，為什麼活得這麼累。如果你選擇了一個專業，選擇了一份工作，你的初心是什麼。你選擇了跟另一個人一起生活，你們的初心是什麼，為什麼有些人慢慢地相處得那麼辛苦。你的初心或許未改，只是世界在變，社會在變，我們也在改變。變與不變之間，我們需要一些錨點，去穩定生活中不變的部分，去適應生活中在變的部分。

當我們的內心與世間經常出現不協調，工作，情感，生活上都可以同時出現問題。我們有時被別人推著走，被社會價值推著走，或者被自己心中的欲望推著走，承受了不可以承受的重量。當你想向人訴說苦況，往往被回敬是誰人沒有壓力的斷言，你的痛苦，苦無出口。如果有一個會聆聽的樹洞，可以把你的苦都向之傾訴嗎？人人都有壓力，只是我們必須要理解到自己的壓力是有極限負荷的，當你的壓力去到盜汗，消化不良，難以入睡時，已經是身體超負荷的表現。勉強走下去，只會出現整體機件故障，最終還是走不下去的。認識錯苦及煩惱的根源，能夠解決的當然是好，如果不能解決的，我們要學習與煩惱共存並和解。和解的方式可以是跟人傾訴，甚至只需要一個樹洞，或者更簡單的把煩惱寫下來，把困擾由內心移到紙

上，這就已經是正面迎擊的方式，因為你沒有逃避，而是正視。即使問題不一定能處理，你最少可以解除由內心矛盾帶來的第二重痛苦。不要迫使自己一定要解決不能解決的問題，不要把喜悅與自在交由不由自己控制的外部結果決定，給予自己內心自在的空間。不是必須要做什麼，而是什麼也沒有做，也不能剝奪你內心的平靜，你才有了可以依靠的錨點。

當背負過重時，重整背負行囊去減重才能前行，這是你再也走不動前，必須要進行的迫切自我拯救選項。放下面子與成功的包袱，優先處理仍能解決的問題，並接受自己不是無所不能。怕被討厭，想被認同，是人的常情。想為家人提供更好的生活，想兼顧人生中的所有角色，也是人之常情。可是我們不用勉強自己去嘗試滿足毫無可能之目標，適時放棄不可能的任務。接受是一種解藥，後悔或自我責備卻是無補於事。此路不通，另覓他途，才是人生正道。千萬不要被心靈雞湯理念所荼毒，去盲目堅持不可能堅持的，甚至自欺欺人地過日子，逃避現實，把日子弄得一團糟。這種放棄不是真的放棄，而是目前的放棄，是為了將來走更遠的路，這跟什麼也不想做一事無成的放棄，有根本性的分別。

規律的日常活動，是建立生活錨點的重要元素。作家村上春樹最喜歡跑步，跑步就是他生活的錨點。我最喜歡的是漫步，在不同的城市與鄉郊之中漫步，在不同的書店中漫步，即使在紛亂的世間之中，內心可享有難得的平靜。我喜歡喝茶，早上泡一杯茶就是我起床後的生活錨點，不喝一杯不舒暢，無論晴天雨天，總有一杯茶作為一天的開始。細看茶葉慢慢泡開，變成了一片片的葉子，賞心悅目。茶道在日本更是一種專門的技藝，我很長時間不太明白喝一杯茶為什麼要有那麼多的禮節。書看多了，理解到茶道背後的禪意是，放下，接受，清空。不要問，只要跟著做。不要想太多，四時就是有變化，生命自有其規律。清空內心的雜念，紛繁世事，都放下在了茶室之外了。有這境界，怪不得日本戰國時代的武將，常常出生入死，居然會愛上茶道。不過話說回來，泡茶，我還是喜歡隨意一點。

春秋時代李耳就在《老子》中提到「天地不仁」的觀察。老子認為掌管宇宙萬物運行的道似乎並沒有感情，對任何人也沒有特別的偏愛。雖然多數人總是覺得天地之間有因果關係，但我們認真的觀察，這個世界行善的人似乎都不一定有好的果實，而為惡的人不一定有懲罰。處於現實世界，有時種了善的因，卻不一定能收到善的果。對孩子的愛，一旦去到溺愛，就會由善的因變成了惡的果實。為子孫後代作出過多的庇蔭，提供他們享之不盡的財富，卻令子孫喪失奮鬥能力，甚至失去人生意義而陷入抑鬱。福兮禍所依，禍兮福所伏。我們面對這種難以掌握的因果關係變化，很容易迷失自我。這也是為什麼我們在天地不仁的世界中要建立心中的錨點，找到處世的平衡。天地雖然沒有感情，但是人間有情。我們沒有方法與自然的道對抗，明天早上太陽仍是照常升起，潮水還是一樣潮起潮落，時間還是一樣無聲的流過，身體經歷著成長與衰老。這就是世間的道，無論你是誰也改變不了。

觀察一下大自然的規律，自然無聲地運行。春天的時候遍地花開，秋天的時候遍地金黃。你到那樹林看看，那些被陽光照亮了的葉子，發出那透亮的綠光，那些被風吹過的葉子，順著風的方向碰撞，發出沙沙的聲響。天上的月亮，總是掛在那裡，每月的陰晴圓缺的變化，總是告訴人們世事總是在循環不息。人生很自然的有高有低，有快樂與傷感，有順景與逆境。你眼前的大自然，不會介意你的得失，不會理會你的高低。只要你願意去接近它，打開心中欣賞自然美的眼睛，大自然就會去親近你。與自然建立的錨點，是如此的牢不可破，因為自然總是在那裡，只在乎你有沒有看到。你有沒有試過坐在海邊看浪花，潮汐的力量總是不斷在作用，海水就拍打著岸邊的石頭，一進一退，想想人生，誰也不是潮起潮落，沒有什麼是過不去的。放下，不是放棄，而是為了走更遠的路。漫步到山林之中，聆聽那小溪潺潺的流水聲，水面上小生物泛起的小漣漪，看到那岸邊小草的點頭歡迎，繃緊的心裡很自然地可以得以舒展。與自然建立錨點，就能夠感知季節變化與生活，放下對個人成就或目標的過度關注。能否覺知生命的愉悅與財富無絕對關係，也和你的地位與處境無絕對關係，關鍵其實在於你的心態。

如果你願意承受更大的壓力，接受更大的負荷，應對生命中各種負面事件的衝擊。你應該盡早建立好生活的錨，學會觀察及欣賞自然的事物，認識世間不變的自然法則。好好的安排自己的時間，學會每天為自己的生活建立雷打不動的休閒時刻。這是一個屬於你個人的清空時間，不受別人影響，不受貧窮與富裕影響，不因成功或失敗而改變。正如日出有時，日落有時。這種自建的內在規律，可以助你應對各種外在的變化。

世間有其運轉的自然法則，我們即使花光力氣也無力對抗。作為一個有自由意志的人，卻可以選擇堅守自己心中的信念。我們以生活去建立起心中的錨，如能大致做到不被俗事所困，從容接受自然的法則，尋找機會去發揮自己的一點能量，建立起可互相依靠的感情與緣分，獲得自在與滿足的人生，夫復何求。

人生

有一些問題
永遠不可能有標準答題
但是
總得有人嘗試回答

意義與目標

「人生有什麼意義？」我曾經無數次向不同的人問過這一個問題，多數人都是一臉茫然。有一些人說想三十歲就退休，或者賺花不完的錢。有一些人會想考入名校，所以成功地送某某孩子入名校的書總是熱銷不衰的。不過考入名校後是為了幹點什麼出來，是為了追求個人發展，還是為了貢獻國家社會，還是認為名校畢業了就功德完滿，剩下的人生可以自由享樂混日子，這卻很少人說得清楚。有少數的人會說自己的理想，是想對社會做出貢獻。我通常會報以最真誠的鼓勵，因為這類答案很稀少，做不做得到很難說，保有這樣一份的初心已不容易。

人生意義真是非常有趣卻永無標準答案的題目。即使那些出身富裕家庭的小孩也對人生意義毫無概念，他們的家庭很多也從無討論此議題。少數人被安排成某些職業或專業的接班人，如果人生就是為了做醫生，做律師，總之要有一技傍身就餓不死的專業知識。而他們就觀察到父母的行為而言，似乎人生的意義是賺更多的錢，因為他們父母很多時似乎對賺錢與事業發展以外的事都不太關心。

人生意義這個問題可能隨便用上一本書的篇幅去寫，甚至十本書也寫不完，我曾在這問題上耗上了大量的時間，閱讀了大量的書籍文案。如果你企圖把古今中外關於這議題的都拿出來討論一遍，應該一個大書架也不夠放那些參考書籍。那麼人類思索了幾千年有什麼答案呢？無論是中國的，印度的，希臘的，世界各地的思想家與哲學大師也沒有找到標準的答案。有的為了追尋真理，有的為了社會穩定與進步，有的為了個人自我感覺良好，有的為了傳承與發展，有的為了科學的進化，有的為思考而思考，有的只想逃離現世的營役，有些說是因為美與愛的追求，最有趣的答案是到處遊玩吃吃喝喝已經是人生真諦。因為沒有統一標準答案，給了幾千年來不同思考者充足的空間去發揮了。尋找人生意義可能對一些人而言毫無價值，不過可實踐目標的設定與人生意義的思法有很大關係。對很多人而言，我們很難繞過這個問題，如果每天過著營營役役的生活，你可能就會懷疑自己的人生跟鹹魚有什麼分別。

心理學家馬斯洛（Abraham Harold Maslow）提出了需求金字塔的概念。他認為人生第一重的需求是生理需求，即是基本的食物，可以生存。然後有安全的需求，比如人身安全，工作保障等。之後第三重是歸屬的需要，比如友情和愛情等。再而上是尊重的需要，比如自尊及自信等。最後一重是自我實現，比如創造力，美術，道德，哲學思考等。馬斯洛認為要到達上層的需求，必先滿足了更低層次的條件。

在中國的哲學之中，即使個人在較低層次的條件沒有充分滿足之時，仍盡力追求最高的思考與創造能力。我們的主要思想家沒有誰是錦衣肉食，反而貧困潦倒的不在小數。我們在任何困難的條件下，仍保有精神世界的追求，這是中國文化內生的韌性。當然地，我們的祖先也瞭解如果生活的物質非常貧乏，上層道德與思想在社會上普遍地建立是困難的。《史記・管晏列傳》中的「倉裡實而知禮節，衣食足而知榮辱」，就很好的解釋了物質是建構精神文明的基礎。但即使擁有基礎物質，卻不代表精神文明會得到建設，教育及文化傳播的缺失，也會令精神文明的種子難以發芽。不過即使處於匱乏的時代，但不少人仍會盡力，明知不可為而為之，當然在匱乏時代受影響的人會很少，因為天下無道，當生存也成為問題時，此等道德建構就會顯得蒼白無力。道德的規範令我們更能適應社會定下的一些標準，減少人與人不必要的衝突與磨擦。當天下資源匱乏問題普遍地解決的時代，人倫道德的建設就再次有了茁壯成長的土壤。可是只有土壤還是不夠的，還需要教育與環境的配合。在現今複雜的社會分工下，個人不需要與他人建立長久關係以協助生存，只需按制度進行交易就可以獲得生活所需。只要沒有觸犯明確的法律，做與不做違反道德的事，並沒有太多的約束，即使不孝不仁不義，或在沒有違反法律下損害社會利益以利己，只要家中有財，繼續可享有優越的物質生活狀態。如果每一個人都站在自我的角度去看世界，而不考慮世界與我也是一個命運共同體，即使資源充足的世代，也沒有道德成長的土壤。我們要明白過度的道德與禮教規範，除了令一些人感到不自由，也會令社會失去想像力與創造力。但完全沒有規範，不見得就是更好的狀況，往往是陷於更壞的境地，這需要每一個社會以及每一代的人尋找出一個合適的狀態。

物質可以限制我們的生活，但卻沒法限制我們心存的善念與良知。我們不是物質世界的奴隸，至少我們的內心不會被物質完全束縛，許多作家與創作者在物質缺乏下仍堅持創作。閱讀各種書籍尤其經過時代洪流仍能留存的經典，你就已經是在進行最上層的精神追求，精神追求其實沒有傳說那麼的高大上，財富的多與少也不會阻礙追求。今天大家看看那些設計裝修典雅舒適的連鎖或獨立書店，敞開大門並無必要消費的要求，創造出文化的公共空間，無不在默默地承載精神文化追求需要的大樑。如有能力者請多光顧支持，喝一杯店內的茶或咖啡，購買一些心頭之好，這是對文化出版業的延傳的支持。一些用心經營的特色地方書店，其實承載的不只是一個各種普及書籍以及該地方的出版物，也是承載了一個地方的思想與靈魂，聚公益與人文交流的功能於一身，我深知道經營的不容易，商業的規律有時候也難以抵抗，只是真心希望有更多的讀者能一起去愛惜並真實地支持這些文化傳播的土壤。

你的人生正在追求些什麼，如果你自小一直的努力學習與準備只是為了將來能完成公司的各類任務指標（KPI），你跟會做相似工作的人工智慧（AI）機械人沒什麼差別。即使跟機械人做同樣的事，過流水線的生活，你與機器的分別是你是一個有思想能力的人，你有能力去思考意義，有能力去欣賞沒有金錢價值的文學，音樂與藝術，可以放棄純粹的個人利益極大化去實踐心中的意義。當然你也可以選擇把自己設定成人工智慧或人工無能模式，對意義與人生不假思索，草草的過完此生，也不知道所為何事。

人生並沒有什麼複雜的意義，意義存在於每天的生活之中。人生而有限，這種有限條件下想想如何做得更好，是人唯一可以切切實實做好的事。活在過去只有懊悔和追憶，純粹活在未來只有不切實際的想像。活在消亡的恐懼中更是笨之又笨，因為你連有限的人生都浪費在恐懼，沒有真正的活過就實在是太笨了。其實只有活在當下並規劃可一步步實踐的未來計畫，你心中生活中的色彩才會再次顯現出來。切切實實的好好用你的時間，喝一口茶吃一些喜歡的食物，與身邊的人分享幸福，簡單地感受生活的樂趣，並一步又一步的達成更大的目標。

如果你覺得找不到生命的意義，試試換這個角度看看，有些哲學家終其一生就只為了追尋人生的意義，其實就算給他找一個確切的定義，之後還不是如一般人那樣繼續吃飯生活了。書中的想法不一定適用於你，每一個人都在他成長與生活軌跡中接觸的世界中尋找其自我認定意義，甚至找到人生就是不知其所謂也是一種可能，因為有一些人被生活推著走，每天過日子而沒有什麼想法，這也是普遍而真實的人生狀態。思考一下人生的意義最大的價值是找出自己最想做好的事，決定好人生的優先次序，不要等老後才來後悔認為自己一生都白過了。

悲觀主義的觀點認為人生是毫無意義，比如日本文學經典作品經常滲透「生命為徒勞的雪」的形象意念，人生如櫻花般盛開後就快速凋萎，既然萬物存在的結局只有毀滅，那存在根本沒有任何意義。我們眼前的一切都會消逝，好像雨點打落在田野裡，不一會就消失了，好像根本沒有存在過。不少哲學作品之中都會談到生命，意義與消逝，有部分作品其實相當灰色。面對必朽的個體生命，有一些人轉而追求不朽於世，立德，立功，立言似乎可以令人生中留下一些存在的痕跡。但時間拉長萬事皆有消逝，不朽其實只是延長了個人的影響力而已。而且對大多數人而言，要達成短暫的不朽也是不切實際，千百年過去了，絕大多數的人都湮沒在歷史的洪流之中，試問你現在還能數出多少個西周時代或者古希臘古羅馬時代的人物。

我曾因為存在問題思索了非常久，看了大學圖書館一整架又一整架的書仍心中苦悶，走去海邊一整天看海，想像眼前所有美景都有消失的一天，一切都好像毫無意義，深陷一種迷茫和痛苦之中。思考世上有沒有不滅的靈魂？如果有，為什麼腦退化症的患者的思想會先於肉體消失，腦中的結構只剩下空心海綿狀，而生活中的記憶與思想不會復原。如果連不用依附物質的靈魂也不能永存，世間上所有對永恆與不滅的追求都是徒勞無功的。思考至此，似乎入了一條沒有出路的胡同。如果你也有近似的煩惱，甚至感到困擾與痛苦，我想帶你換一個想法，比起這種因空虛或無事可做，空閒時腦海中出現的迷思，人間的苦才是真正的苦，生存的壓力足夠大之時，你腦中根本容不下太多的妄念。

當你遇上那些生活如此困難仍用盡方法奮力生存的人，他們是如此的渺小，也沒有更多的要求，承受生命中的重擔與苦

難，仍一步又一步的向前走下去。你會明白比起毫無意義的思考不能改變的生死，把更多的時間用在可以改變的人間，直到順應自然用盡生命中的能量，才是找回生命的真諦，脫離思想的苦海。

擺脫人生之苦的思想出路其實一直都在，只是你有沒有找到而已。那就是接受自然的法則，把心思專注做自己可以做的事，不再執意於永恆，接受世界的一切事物的自然流轉。長輩終會老去，這是自然而然的事。黯然神傷對己對人並無益處，想想以往的古人能活到半百已經很不錯了，人生有得漸漸變老是很幸福的事了。其實大量哲學家思想家進行了關於人生之苦的永恆思索，一個被忽略的事實是我們的生命的長度實際上也很長，至少時間長得你找到任何「意義」以後還得照樣的吃吃喝喝生活下去，慢慢變老。沒有任何意義值得人類找到後就可以立即「收工」，我們的生活意義的真諦其實只有一個，就是在各種日子中一步又一步的向前走，別無其他神祕或不可觸摸的意義。有時間多請老父老媽吃飯喝茶，在子女成長過程中作出陪伴，好好過日子就已經是意義所在，別無其他。再想向前追求，多數思考者都會走向哲學與各種美學（包括音樂，建築，藝術，數學等等），因為這是最靠近永恆的現世替代品，是更現實更可觸摸的目標，如果加上結緣與承傳，我也想不出更高的可實踐目標了。

對於想思考人生意義的朋友，請先認識到人生中有兩個最大的資源限制，第一個包括財富在內外部資源，第二是時間。

我們一生中很多時是需要用時間去換資源，然後以剩下可支配的時間及資源去追求更多目標與意義，比如維持個體健康，比如建立更多有意義的人與人的關係，比如創造更多知識和各種有形與無形的藝術作品，比如思考生命與哲學。可惜的是無論你得到了多少財富，地位，聲譽，時間永遠是有限的。在有限的時間條件下，極大化地去達成各種不同目標的，就是人生的意義所在。不要把自己的所有時間都用在工作與賺錢之上，尤其是那種為了財富累積絞盡腦汁的朋友，工作以外還天天想怎樣把財富極大化的朋友，其實是把自己的人生自由時間極小化，你在耗掉人生中最寶貴的時間，去交換更多的徒勞的雪。比如一些金融投機者，終其一生只是鑽研如何從金融市場交易賺錢，在日復一日的交易日如履薄冰患得患失，到老之將至，回首一望，一生中究竟在做什麼，一生之中有什麼體驗與經歷，這不是被金錢的欲望終身囚禁嗎？錢不是不賺，要取捨平衡，人生總是在得失之間，得到一些事物，總是要付出一定代價作交換，怎樣去平衡，是否值得，理應深思。

與自然的不可抗力對抗，終歸是徒勞無功。以科技或者金錢去突破生命的限制只是妄想。反而接受不完美，放棄永恆的執念，發現心靈是否能自由，原來一直在自己一念之間，一粥一飯，一草一木皆能成趣，生活之各種快樂油燃而生，這種最平常的狀態，卻有意想不到的甘甜在心頭。即使到了古稀之年，那些古今中外的智者，用了一生去思索，能找出來最入世最實在的生活真諦就是這麼地簡單。反而有部份思考人生的路徑，很易令你鑽牛角尖，想想無限的時間，虛空的宇宙，很易陷入沮喪抑鬱的思考角度。最終結果不是萎靡不振，就是要多花點錢吃抗抑鬱藥物，除了藥廠謝謝你的惠顧，我想不出這種念頭對你自己，對世界還有什麼好處。坦白一點說，思想家，哲學家，文學家想了幾千年也想不出令生活更美好的思考路徑。如果你想不到更好的思考路徑，就試試湊合地參考一下這個能放下思想重負的想法路徑，看看能否助你減少無謂的糾結，更好的過真實的生活。

幸福就是接受生活的全部，樂在其中。你可以愁眉苦臉的上班，放假時心中不停閃過休假結束的恐懼，認為只有退休時才能解脫，卻把一生都耗在痛苦的糾結之中。你也可以全心全意的上班，然後好好享受休息時間，根本不用羡慕退休生活，因為當下已經是幸福的狀態。在外人看來痛苦地或投入地做一份工作，表面上的生活狀態差異可能很少，然而對個人的幸福感而言卻是天壤之別。

只有活著的人才有機會思考生命的意義，不要浪費有限的時間在永遠無解的思考題目之上。認真地生活才會感受到生活的樂趣，好好的過日子就是最好的活著。如果自己的小日子過好了，遊山玩水吃喝玩樂以後感覺還是有點虛空，可以嘗試一下運用那些自己用不著的資源或閑餘的時間發揮自己能力助人為樂，當你發現自己的資源與能力被他人所需要，往往是獲得長久式快樂與愉悅的重要來源，而且這種感覺會非常實在，這些行為是個人最可感知的生命的意義的來源。

美國上世代被稱為商業三巨頭之一的鋼鐵大亨卡耐基（Andrew Carnegie），在著作《財富的福音》（The Gospel of Wealth）中解釋了他對累積金錢的終極思考。連當今的世界首富比爾・蓋茨也是卡耐基的讀者，這部短少的著作有巨大的跨世代影響力。卡耐基認為無論個人如何努力地去累積金錢，一切的財富也是帶不走的身外之物。在商業上獲得大成功後如有幸退出了經營的一線，必需要思考如何運用已有財富去創造更大的價值。無獨有偶，同一時代的美國石油大亨洛克斐勒（John Davison Rockefeller）在其自行編寫的《個人回憶錄》（Random Reminiscences of Men and Events）也有相近的觀點，認為財富帶來的物質享受產生的快感很快就會消失，造福社會才能令財富創造價值，而且他也主張慈善應當主動地自行安排去更好的實踐自己的意願，而不是簡單的捐出。慈善項目可以有多樣性，核心精神是助人自助，也就是授人以漁而不是授人以魚的理念，促進社會進步，散播文明與幸福的種子。這兩位分別在各自行業獲得巨大成功的商業大亨，其內心信念卻是如此地相近。

卡耐基認為分配的方式不外乎直接把全部遺產傳承子女，捐贈與指定的公共機構，以及自己在有生之年對財富自行進行管理。他認為除了生活的必須支持以外，給予後代過多的財富如果不安排妥當，有時未必是好事。他觀察到即使是歐洲的貴族階層，也在世代承傳之後大多陷於沒落，尤其因子孫後代揮霍成性而令家族陷入困難的情況相當普遍。事實上到了今天再也沒有顯赫的皇室與貴族，不少處於苟延殘存狀況，其財富與影響力早已大不如前，大家就可以理解到財富與地位世代傳承的難度。當然不同的文化與社會背景下完全的捐出自己的財富很難做到，但對部分財富進行一定的非經營支配，去達成商業獲利以外的目標，應該對很多人而言是較為切實可行的。李嘉誠稱自己的基金會是其第三個兒子，把接近三分之一的財產注入基金會中加以運用，也是一種主動安排財富的可行範例。

卡耐基認為在過世後才捐贈的最大問題是你根本不知道這些遺產能否達成你的意願，甚至以你不希望的方式被挪用作別的用途。某位亞洲地區的傳奇富人過世後才以遺囑把巨額遺產捐出作慈善基金，不只引起了不必要的訴訟糾纏，而且財富也沒有清晰的指定應用方向，你就會明白為什麼卡耐基認為這是一種不太妥善的安排。第三種做法是最為明智的安排，因為你可以自由地決定資金的去向與作用，安排如何能為社會創造更大的價值，而且對社會整體利益而言最為有利，也可以確保資金的運用符合自己的意願。你應該開始明白為什麼比爾·蓋茨，李嘉誠，邵逸夫等人，在個人名成利就以後，主動花上如此多的心力與時間，以自己積累起的財富去幫助其他素昧平生的人。

結緣人生

人生有很多緣分，父母把我們帶到這個世界是最初的緣分，在成長的過程中遇到的不同的長輩，同輩，上司都會結下不同的緣分。有人的一生是追求金錢的最大化，有一些人的一生是追求權力或名譽的極大化，也有一些人的一生是為了廣結善緣。星雲大師到了晚年仍行善不遺餘力，宣揚人間佛教精神，你不一定是信眾也可能會受到大師的善念影響，更善待身邊的人。總有很多人為了更遠大的目標而做出個人利益的取捨，因為他們重視的東西，有時候認為比個人的生活享受有更大的價值，包括父母為了子女成長所做出的個人取捨。

多年蟬聯世界首富的比爾・蓋茨花了數以百億美元去造福更廣泛的貧困人群，用上了許多個人的財富，換來的只是偶爾的讚美，甚至還引來一些沽名釣譽的惡言，勞心勞力，這又是為了什麼？這一定是某些內心深處的信念的力量，蓋過了個人利益極大化的考慮。在一些人的心中，人生的目標不一定是最大的財富與享樂，至於你怎樣選擇，這真的是個人的自由選擇，不能說富有犧牲精神的人才是高人一等。不過能堅定地走自己認定的路，確實也並不容易。我並不鼓勵心靈雞湯式的犧牲精神，強調犧牲精神多是社會狂熱的年代。對於選擇想成就更多的朋友，提醒你不要把自己的擔子承擔得過重，可持續的發光發亮才好，保留一點力量才能走更遠的路。

要知道結緣並不一定是單向的給予，創立一間公司建立起一套有機的商業模式，就會與不同的客戶，員工，供應商等結緣。有些人到了古稀之年，仍不斷創新，開創新產業，很多時他們內心最深層次的目的為的就是以商業把個體生命延續。緣起緣滅，結束了一間無法經營的公司可能是為了新的開始，由失敗而來的經驗變化成新的結緣。我們現在看到的著作，看到的建築，聽到的不同音樂，都是與創作者結下了緣分，即使大家並不生活在同一時空。創作有很多的形式，可以是一間用美食放鬆心靈的精美的特色餐廳，可以是令客人身心得到放鬆的精品住宿，可以是開發商用心去建提供人舒適居住空間的的房子，也可以是一間提供簡單而實用物品的雜貨店。許多人創作的動機就是為了與不同時空的人結下更多的緣分。

人生是兩手空空而來，也將兩手空空而去。在這之間，就是我們的一生。而就在這之間卻有著無數的可能性，影響這些可能性的卻可能是一念之間。前人智者在不同的作品中跟我們作出深刻的提問，當人生接近終點，回頭一想，再高的學歷也沒什麼，再多的功名也不重要，再多的財富也花不掉。一生之中，你想得到什麼，你想留下什麼？千百年來，這個問題可以衍生出無數答案。如果你未有想法，考慮把自己人生的目標定為結下更多的善緣，也是一種充滿幸福感的奮鬥目標。找到一位伴侶，養育子女成材已經是結下得來不易的子女緣分。老師悉心的去栽培班上的小苗子，令其茁壯成長是一種師緣。一個家庭與其他家庭的互動，一間企業與客戶的互動，也是結下了各種各樣的互動緣分。

人間最可悲的狀態，就是過著無緣人生，把自我完全封閉在一個沒有任何互動的空間，這是一種比鹹魚更可悲的狀態。這種狀態在高齡化社會尤其普遍，老有所樂，還是孤獨等待終老。排除身體不自由的因素，很多時生活的狀態，只在乎個人的一念之間。那些參與老年學習活動的年長者，一樣有各種的社交活動，一樣能過著充實的晚年生活。

如果人間是一條生命之橋，你與我及其他人就是橋上的小石子，看似微不足道，任何一塊石子也不能代表這條橋，少了這些微不足道的石子卻成就不了這條生命之橋。把石子連起來的力量，就是我們人生中的各種結緣。如果人的一生像鳥飛過天空後不留痕跡，結下的緣分卻能超越時間的洪流，這是人生最真實的存在證明，而不是任何身外之物。

大家可以從最親近的緣分開始思考，對父母對子女在能力範圍下結起更強的連系，在力所能及下再推而廣之影響身邊的人，行動起來，一小步的改變已經是很了不起。如果更多人都加入結善緣的隊伍之中，整個社會便真的很有福氣了。日本的經營大師稻盛和夫認為，人一生到結束之時，學歷，名譽，財富都毫不重要。生命的終點比起點時有更高的情操，積善行德，靈魂品格提高了，就是生命的意義。語言學家季羡林認為生命很難有單純的意義存在，人過了一輩子可以是不明所以的來了，又不明所以的走了。如果要找一種意義，就是在一生之中承傳和發展，在人類發展的長河中有各自的力量及任務，把生命的鏈超越時空連結起來。

文字與結緣

在古代未有文字之前，前人與後人的智慧傳承只能靠口耳相傳。有一些文明用了結繩記事，想想就知道結繩難以傳遞複雜的資訊。我們與遠古祖先的結緣，只限於血緣上的連繫，而思想上的則難以產生太多連繫。直至文字的出現，解決了智識承傳的困難。可是另一個更大的問題是，文字最初都是刻在笨重的實物之上，比如泥板及竹簡等。直至紙張及印刷術的發明大大有助傳播知識，新的一代人，就更容易從前人的著作中獲得知識與經驗。文字與出版，使很多人的生命能與前人的智慧結緣。

文字傳播與出版界的發展，推動社會的發展，令知識能夠跨時空的傳播，讓大眾接觸到許多不同時代的事實與觀點。前人的錯誤經驗有機會被後人吸收後有所規避，為後人提供了參考記錄。出版事業更有改變社會的力量，出版的著作有可能會出現一些當時社會上不欲接受的價值觀點，然後引起社會的討論，一些觀點會自然地被社會所過濾，一些在時代發展下理應重視的觀點，會在出版傳播的影響下一點一點的令社會產生積極的改變，這就是不同的出版物潛移默化的影響。當然也有很多出版物本身就是美學的一部分，為後人帶來可享受閱讀的素材，令不同時代的思想，能與不同時代的讀者結緣，個人的閱讀軌跡真的會影響到我們的人生決擇與走向。

在數千年的文明發展歷程中，整個出版界一直向前發展，到了今天迎來重大的變革與挑戰。互聯網浪潮對傳統的出版界造成巨大的影響與衝擊，近年來不同地方的出版業不約而同都開始收縮，不是因為網路書店的興起，更多是因為閱讀及生活習慣的改變。在移動互聯時代，人們習慣接近資訊的介面只是其數寸大小的手機屏幕，小小屏幕變成了許多人與世界接觸的窗口，甚至是唯一的窗口。雖然電子書曾有一定的發展，但近年出版界慢慢收縮的趨勢並沒有改變，肩負人類文明傳承的傳統出版及相關事業變得越來越困難，急需轉型尋求突破。

以書籍為內容載體的傳統的出版，漸漸被多媒體的內容創作取代。在這個內容為王的時代，許多新的媒體出現爆發式成長。人們的閱讀習慣有了重大改變，書籍由實體變成了電子化。文字內容創作的形式大幅改變，文字內容配合了其他多媒體元素後以新的面貌在新的媒體出現，比如有聲書的出現，或者影片與多媒體內容展示。書不再是指實體書籍，而成為了內容載體的代名詞。

與此同時，傳統的書店也在同步進化。大量新興起的複合經營書店在不同國家出現，在書籍銷售以外成功連結多種業務，比如混合經營關連商品及餐飲服務，以此帶動銷售及提升生存能力。書店作為商場中一個可以停留的公共空間，也帶動商場中的人流，這也吸引了商業管理集團引進或自營的書店，令更多的圖書保有了實體生存空間，也令商場中注入思想的靈魂，這種安排讓實體的書籍能繼續和更多讀者結下緣分。如果沒有了實體書店這一橋樑，大量的書籍就很易會在網路排名的洪流中被湮沒，很多作者與讀者的緣分就會被切斷。近年書籍的暢銷書占總銷售的比例不斷上升，而全球實體書店的凋零不無關係，令強者更強而弱者越弱的銷售情況更為明顯。

事實上網路書店的出現亦令更多居住得較遠離市中心，又或沒有時間逛書店的讀者可以不受地域限制購買到喜歡的書籍，而且比較不暢銷的書不再在實體書店銷售時，往往仍可在網上平台訂購。電子書的出現甚至方便了居於海外的讀者可作即時購買，亦是一種好的結緣。實體與網路不一定只有競爭，也可以是互補。只是當前結緣的渠道越來越少，越來越單一，這似乎是一個不可逆轉的趨勢。更大的問題是有深度閱讀能力的讀者越來越少，更多人只有閱讀網路碎片式內容的專注力，這會引起結構性問題，不單是出版機構萎縮的問題，而是深度思考能力的持續下降，新的一代的獨立思考能力更弱，更易變得盲目與陷入狂熱，這才是更大的問題。

我經常到不同的書店汲取創作靈感，其中經常到訪吳先生創立的書店漫步思考。以誠信經營設備及裝修業務致富的吳先生，商業上有所成就以後，因為對藝術的熱愛，想開一間與眾不同的藝術類書店，先拿出可以應付虧損十多年的資金去開店，為的只是實踐心中的理念。在一次偶然的藝術參觀後，決心撒下更多文化的種子，充當書與讀者之間不起眼的一座橋樑。後來書店越開越大，書籍品種與分店越開越多，差點耗光了畢生積蓄，卻也令很多書與很多人結下了緣分，令很多讀者有了沉下心神的閱讀空間。這是發自內心對用盡畢生經驗去創作內容的作者的尊重，以優雅舒適的環境去款待讀者。因應書店的經營環境變化，他引入了書店與產業互補的創新策略，也曾引來一些人的非議，這卻實在提升了書店的持續經營能力，讓更多的未來讀者與未來的書結緣。雖然前人播出的種子，不一定能親眼看到長遠的收成，但播種的過程，也就是收穫的過程，贏得了金錢也換不了的滿足感，以及別人發自心底的尊重，人生是失還是得？答案應該是很明確的。

有好的作者才有好書，作者群體能不能維持生活與創作，是影響出版及創作事業的關鍵因素。如果所有資訊都以免費發放，比如認為電子內容不應該收費的，創作者就會顆粒無收。那麼剩下來你可以看到的免費資訊，不是廣告軟文，就是吸引讀者眼球的各類誇張文稿，為的是博取點讚與瀏覽量。在流量為王時代，為了吸引眼球有什麼沒有養分的東西不敢寫，不怕沒有營養，只怕沒有人看。很自然的以大眾的喜好作為主要創作根據，以煽情而非理性平衡，以簡單的斷言取代多角度的立體分析，更能夠吸引手機屏幕一端沒有什麼耐心的觀眾。好的作者，或有深度的作者就有可能被淘汰，文化出版敢於把大眾不欲的價值傳遞的功能就會消失，社會意見就會變得一面倒，而且會有極端化的傾向。大家可以留意一下這個現象有沒有在你身處的地方發生，這種變化一開始並不明顯，慢慢地你會發現身邊的人的觀點開始走向偏激化的兩端，在中間保留客觀平衡的人越來越少。一本好書不應該告訴你去做什麼，比如達至完美成功的多少條金科玉律，這明顯地只是一種簡單的觀點灌輸。書中的建議及想法是否適合你這個人，又是否適合你身處的時代與環境？一本好書應該是能帶你用新的觀點與角度去認識這個世界，拆除自我認知的限制，然後交由讀者去思考與整理自己與客觀世界的關係。

有一些人心底總認為當作家的人就應該貧困潦倒，認為有理想的人就應該不用吃飯。事實上作家與堅持理想的出版經營者都喜歡錢，喜歡的不是錢的本身，而是需要錢去支撐事業，用錢去換取創作時間與生存的尊嚴，所以文化人也愛錢而且是理所當然的喜歡。因為沒有金錢的支持，就會失去最寶貴的創作自由。雖然沒有人能阻止一些人以別人的潦倒生活獲取快感與優越感，但我希望更多人理解到己所不欲，勿施於人之道理，不要老是幻想作家都要餐風宿露才有風骨，幻想商業經營的書店都以進貨價賣書就能天天敞開大門不用考慮經營支出才是愛書的表現。現在更多國內外的書店都採用產業互補式經營，不是因為不愛書不愛支持創作，更可能是因為深愛這個行業，所以必須千方百計去多元經營，創新經營，以支持更多創作者能繼續創新，保障持續經營能力。出版的形式不斷在進化，但優質出版的作用永遠難以被文章或其他碎化的傳播方式完全取代，整個出版行業不斷的在變革去作內容創新與嘗試，不是不愛出版行業，而是因為深知肩負文化承傳的責任，努力適應時代，生存下去才能繼往開來。

絕對貧困將會慢慢摧毀整個文化行業的生態，許多有潛力的作家因貧困而放棄了，出版社只靠翻譯公版書與國外暢銷版權維持生計。出版品創新內容貧乏下，書越出越沒人看，讀者群體萎縮，形成惡性循環。書與自媒體內容最大的差別是系統性與深度，一本書往往需要作者以年計的時間去積累寫作素材，甚至有一些書是作者一生經驗積累的結晶。而網路媒體的內容更多是讀者點擊導向，只用一天半天時間就可以發放，這是完全不同品類不可以直接比較的內容。

出版的其中一個重要價值，是敢於推出把大眾不願接受的觀點與理念，在衝擊與討論之中，無形中影響了社會的進步。如果思想永固，歐洲的文明應該在中世紀控制思想的黑暗時代永續至今，今天大家必須繼續認同太陽是圍繞地球轉動的想法。沒有思想的解放，就不可能有文藝復興以及往後的創新時代。無論內容是以實體印刷還是電子化出版內容，只是發行的媒體形式在變化，而書的知識承傳與開啟的角色難以取代。一些有深度的內容，碎片化傳播以後就會失去其價值。

不負人生

關於人生的意義，如果你仍想不太明白，以不負人生的角度去思考這個題目會大大說明你找出生活的目標與意義。什麼才算不負的人生，這是一個沒有答案的命題。不負人生的意思就是如果你在開鍵的事情上，已經傾盡全力，既然如是，也沒有什麼好後悔。

對多數的普通人來說，不太可能成為什麼偉人，過於遙遠的目標也沒有實踐的可能。生活的壓力往往可以蓋過一切看似虛無的意義追尋，如果你為了應付生存所需必要地長時間工作，生存意義的問題應該不太會對你造成困擾。我苦思這命題時都是人生中輕鬆又沒生存壓力的日子，當你背上沉重的壓力，為了應付一家大小焦頭爛額時，世界一切的生生滅滅的恐怖念想竟然可以煙消雲散，因為生存的壓力與痛苦已經超越對永恆的追求與渴望，變成了不懼人生，反倒心裡更自在，對美與消逝再無焦慮憂思。因為各種更恐怖的帳單正在追著你，卻沒有任何人會替你埋單，只好忘我地沒命狂奔。生存的壓力與痛苦，是解決永恆憂思的良方，只是藥性往往太猛，不是每個人都接受得了。問題是，你有沒有想過為什麼你要活得這麼累，而你又值不值得這麼累。如果認為值得，也是不負人生，如果認為不值，又苦無出路，就必須抓點時間想一下，什麼東西才是最重要的，什麼東西可以先行放下。如果你沒有受到憂思的困擾，日子又過得下去，那麼閑來思考一下不負人生的命題，也是相當有價值的思想活動，是理清人生努力方向的重要思考，這些時間千萬不要省掉。

人有時候為了生活而必須做不喜歡的事，消耗上大量的時間，做一些看上去沒有意義的工作，這是身不由己的狀態。即使如此，如果你仍能盡力抽出一點時間去做自己認為喜歡或有意義的事，也屬於不負人生的一種狀態，因為你已在限制條件下做到最好。如果你純粹因為不安全感拚命工作，一生興趣缺乏只為累積更多的資產，有一天這些身外之物財富被小偷拿走了，你的一生還剩下什麼。回首以往的日子，除了賺錢以外，其他生活方面都是空白一片，這才是一種令人後悔透頂的人生。

如果你發現了一座漁獲豐盛的小島，你立即搭建了一間小屋，每天的生活都只是在島上釣魚和製作魚乾賺錢，對其他世間的一切事情不聞不問，看著眼前慢慢積累起來的小財富就樂開花，可是當你的賣魚積累越來越多時，卻引來了海盜的注意，他們登上島把你的財富洗劫一空。你心灰意冷意興闌珊，離開了小島這個傷心地，自己建立的財富並沒有好好使用過，只剩下一間用來處理漁獲的廢屋。試想一下，如果釣魚與製作漁產是你的興趣及意義，大概被洗劫後應該還會繼續本業，如果只為累積財富，失去財富後就等同於失去往昔工作成果的所有價值與意義，自然完全崩潰。

我遇到過一些終身勤奮的長者，長年省吃儉用，對子女成長開支也是能省則省，每天的努力純粹是為了累積財富。老來時，洗劫他們的卻不是海盜，而是家中子孫的爭產傾軋，終日不得安寧。一生積累，卻落得家族決裂的結果，令人痛心疾首。有一種說法是啃老其實是一種補償，內疚自己對孩子的培養不足而令其失去奮鬥與社會生存能力。如果在較年輕時能更好地安排，努力賺錢改善生活的同時，對子女的教育及品德培育加大一點投入，會不會更好，結局會否不太一樣？

只為積累財富的人生，一旦失去財富等外物，生命中剩下的只有一片空白。如果你在累積財富的過程是享受的，工作是感到充實有意義的，即使有一天小偷來拿走了你一生累積的財富，你的內心也不會因而崩潰，因為金錢以外，你得到的還有許多，日子從來沒有白過。這些過往的軌跡就是意義所在，而財富的多少只是副產品。人生能過得這樣子，就是不負人生了。

我們總被社會引領往各種的外在追求，滿足這些別人指定的標準追求可能會大幅減少生活上的焦慮及壓力。上一輩缺錢的就努力賺錢，上一輩缺地位就全力追求社會地位躍升。但是你的一生其實在追求什麼，最想做的事是什麼，目前最有可能做得成的事是什麼。排一排次序，想一想，隔一段年月又再想一想，有什麼需要改變，有什麼是當下的優先。當你解決了基本需要後，要明白到幸福快樂以及意義往往比金錢重要。

我只想說不負人生的重點並不在於你有沒有達到目標，因為到達一個目標之後總是興奮習慣然後開始失落，必須要尋求下一個目標。你見那一位大企業家不是奮戰到老，因為他們退休了，他們的商業生命也終結了，剩下的只有空虛和對生命消逝的恐懼。有一些智者在預視其商業能力到盡頭時交由職業經理人管理，自己卻去行善去尋找更好的使用財富的方式，也是一種很好的安排。到達已設定的目標，不會助你達至不負人生的境界。如果過程中充滿回憶與意義，而且還能找到點樂子，不用為了達成目標而被壓得透不過氣，這才是達至不負人生的境界了。

產出及結果的不確定性，是人生最大的難題與樂趣。你必須要在面對不確定性下做決定，進行投入，努力奮鬥去博取潛在的產出與回報。失敗很多時不純粹是你的錯，有時候對自己嚴格一點，對結果寬容一點，也不是壞事。

你的投入與結果不成正比，你的影響力往往也轉瞬即逝。經過時間的洗刷能留存下來的都是經典，比如司馬遷的史記，都是在極度艱難的環境下創作。不只是文學及出版領域，在各科學以及各學術領域，有無數的科研者不斷努力，他們把青春奉獻給了研究，寫出一篇又一篇的論文。大多數科研人都是寂寂無聞的在做自己的事業，而研究的過程，已經是他們最大的享受。能貢獻自己的力量，那怕是那麼的微少，卻令生活變得如此的充實，每一天都充滿期盼。越是修養高的學者，對科研是否有成果，越處之淡然。他們著重的，是不斷探索的奮鬥過程，這個過程而不是結果本身，就是他們得到最大的回報，他們最希望的生活是，一直在領域發光發熱至最後一刻去繼往開來。

當你反覆地想考人生的意義與思考的問題，就會建立起一套個人信念，這是個人立身處世的標準。信念形成以後，你就會大幅減少不重複性的意義思考，把更多精力投放在實踐上。有一些信念，可能由祖輩傳下來，也可能由閱讀前人的思想而來，經過你的成長經歷碰撞後，就會漸漸形成你的個人信念。有不少不同領域富有成就的人，心中都有明確的信念，他們不用花太多精力去苦思，反而把更多的精力拿去實踐。集交水稻研究的袁隆平，窮其一生也是在為解決糧食生產問題作貢獻。終其一生為大眾的健康奮鬥的鍾南山，支持其忘我為大眾健康奮鬥的源頭，往往就是心中的一個簡單信念。鍾南山的父親跟他說人的一生總要留下些什麼，為大眾做出貢獻，就成了他心中的信念。在信念的支撐下，八十多歲的人仍健步如飛，一生發光發熱直到最後，不負自己的一生。對大多數的人而言，對社會有巨大貢獻都是遙不可及的事，如果一個人的信念是當一個正直善良的人，他就不會為了利益而製造一些有損大眾事。每一個人的微小改變，加起來就會對社會面貌做成巨大影響。

你大概會明白，為什麼這麼多艱難與成功希望渺茫的事業仍有這麼多人前赴後繼，這中間除了為名為利以外，還有人性的光輝的追求。人有一種把經驗與知識帶給後代的動力，無論是以書籍，研究刊物，以建築物，藝術品，數學符號，音像，

電影形式等作為載體，最終都是希望把自己的知識與經驗在承載人類文明的橋樑上放上自己微不足道的一塊石頭。文明世界的知識與經驗就是這樣累積下來的了。

達成不負人生不等於需要達到成功的結果，努力過，奮鬥過，經歷過，沒有白白虛渡光陰就已經是達到不負人生，投入是我們自己可以控制，結果就不由我們可以掌握了。想想馬雲如果生於古代，可能再努力也只能成了一個私塾老師了。人生可以在外在資源及條件限制下盡力而為，樂在當下，就是不負人生的過活。

追求快樂與幸福

快樂是怎樣而來的，是看了搞笑影片哈哈大笑，是千辛萬苦考入心儀大學開懷大笑，是開派對的高興狂歡，是勝出了電玩遊戲的刺激，是旅行接觸不同人和事的快感，是安坐家中靜靜地看一本書，還是辛苦回家後老婆孩子熱炕頭的溫暖。人生的快樂來源是多種多樣的。而幸福就更為複雜，而且沒有人能簡單的為幸福下定義。幸福是一種個人感知的狀態，與快樂是相連結，卻多了一重現實世界的折騰與實踐的意義。幸福不在於要達成某一目標，只要不斷的向目標奮鬥也可以存在，而且幸福需要被感知才會存在，不能只求於外在目標的達成。

幸福與快樂是一個巨大的課題，很多人終其一生都想追尋快樂與幸福，然而越想靠近卻好像越觸摸不到快樂與幸福是何物。其實我們觀察經常能感到快樂與幸福的人，他們對生活中所要求的物質及追求的目標較切合實際能力，而他們的實際人生處境達到並高於心中定下的要求，就比較客易感到快樂。這種由滿足感而來比較持久的快樂，就是這樣得來的。如果你自我設定的目標非常高，比如賺錢的小目標是先賺幾個億，做生意的目標是要超越首富，估計你終其一生都是在奮鬥的路上。如果真的努力奮鬥產生正能量還好，有可能達不成目標後開始自暴自棄，敏感與易怒，這就不是什麼好的事。

相對於快樂，幸福就要用上更長的時間軸才能理解。短期暴烈的快感是不會增加幸福感，比如酒醉後的狂歡，激烈的競賽的吶喊，在激昂的過後總是冷卻，甚至失落。幸福的狀態能令人產生長期愉悅的感覺，而不需要追求額外的短線刺激。見山還是山，見水還是水，心境卻不一樣。幸福的狀態與現實有強的相連性，實踐一些自己認為有意義的事情可以獲得持久的滿足與幸福感。如果你找到長期奮鬥的方向，不需要是明確而固定的目標，也不一定是成就什麼偉大事業，可以是把孩子好好養大，又或者找到一門可以付出心力的興趣與藝術，在探索與前進的過程已經可以感到幸福。要獲得充實的幸福感，可由實踐小目標開始行動，你需要行動而不是空想。如果純粹以內心平靜甚至無我狀態獲得的幸福感，由於缺乏現實的支持，感覺會比較虛空，除非隱世獨居，否則在實際環境影響下幸福感難以保持持續性。幸福感是一種偏向實在的感覺，如果你只想偶爾付出一點點努力，就等待天降橫財或者天降大任，很難獲得幸福的感覺。派對狂歡以及消費升級只能提供短暫而帶有刺激性的快樂，純粹享樂與揮霍的狀態，也難以獲得持續的幸福感。

不丹曾經在自己國家設立的快樂指數中名列前茅。究其原因是大家生活簡單，不同家庭的生活水準差異很少，不用有太多比較的壓力，人們自然而然的平和快樂。可是當更多的遊客慕名而來，現代化的進程開始，人們離鄉背井找尋更好的工作與生活，快樂的指數急速下降，近年已出現許多年輕人酗酒與相關的健康問題。原來快樂這麼脆弱。想起老媽有時會懷念小時候在順德時家家夜不閉戶，大家雖然物質缺乏，鄰里之間卻守望相助，互相幫忙。那時候心中的快樂只能變成回憶，大家都不喜歡物質匱乏的日子，卻同時緬懷當年人與人關係的純樸。

物質的絕對缺乏會嚴重影響快樂是沒有太大爭議的，連溫飽都不能解決，快樂真的難以獲得。大約在近幾年，在巴西的亞馬遜流域居然仍找到未與人類接觸衣不蔽體的原始族群。社會學家不會放過難得瞭解人類原始生活狀態的機會，在與其成功接觸後，發現他們吃飯靠打獵，有一頓沒一頓的情況令其生活非常困苦。而且經常受病蟲害影響，很易生病。還因為晚上太熱會睡不著覺，而且要警剔野生生物的攻擊。他們面上的笑容也是欠缺的，太困苦的生活，真的很難單靠意志心靈快樂得起來，大家就不要對隱居原始森林有太大的幻想了。

在現代的社會中，多數人都能保有基本的生活，不用擔心缺乏食物，一般基本的生活也能維持，很多人都脫離了絕對的貧窮，卻仍然快樂不起來，這就跟相對的貧窮有關了。如果大家都過得比較豐裕，資源較少的人就算生活上其實不算很差，仍然較難獲得快樂，因為在比較下的相對缺乏性會影響到個人的自我感觀與快樂程度。這就是之前提過的比較房子大小，比較車型的級數，到比較子女學校排名，有什麼證書成就等。而在競爭中處於下風的人往往會出現焦慮，擔心自己在競爭中落後，之後只好更努力尋找資源急起直追。這些焦慮是現代人難以快樂的來源，卻難以解除。只有你放下了不必要的比較，盡力而為，自己好好的生活即可。

人生是相當立體的，見過一些生意大獲成功者，房子特別大錢特別多，可是與家人的情感關係卻疏離。子女成年後也大多不願成家，這與小時候家人關係疏離有沒影響就不得而知了。太太還可能在背後以惡名去稱呼自己的丈夫。這究竟是成功還是失敗，大概是擁有成功的快感，卻沒有普通家庭溫暖與天倫之樂。

年紀小的時候，也許有些小朋友會向父母抱怨自己為什麼不是首富的兒子，就可以要什麼有什麼不用辛苦了。這種提問當然會立馬把父母氣炸然後被強力教育一番。長大以後，如果你有機會較近距離觀察社會中最富裕圈子，你不一定會羨慕這一種角色。因為有時巨富的兒子或女兒往往是不易當的，這很視乎你的父母及家族會否比普通人管教得更嚴格。你的自我要求又會否非常高，尤其你的人生目標是要超越已經有過人成就的父母，想別人不要稱呼我是某某人的兒子，而是要我的名字比他們更響亮，這個難度就真的太高。目標遠高於實際是不快樂的來源，當你個人的所有努力付出別人都看不到，這種藏於潛意識內的壓力不足為外人所理解，甚至比一般人更易陷入抑鬱狀態。韓國某全球性電子企業的家族二代，兒子跟了門當戶對的太太出現離異，女兒也跟出身微寒的丈夫離異，即使擁有金錢並不能保證家庭關係的穩定性，家族其他人的關係與狀況也不太好，整個家族出現了非常多的不幸事件。羨慕人家富裕的同時，你又是否知道別人家吞下了多少辛酸。

渴望擁有更多用不著的資源背後的動機是社會性的，除了擁有成家養家的資源，擁有更多會獲得更高社會地位，以及影響個人的優越感。優越感是帶不走的，你窮盡一生追求的名聲，離開後便煙消雲散了。中國古代的富人你能數出多少人，春秋時代已經進行逆向投資，旱則資舟的陶朱公？戰國時代奇貨可居的呂不韋？連清代的紅頂商人胡雪巖都未必有多少人會認識。你能數出歐洲中世紀有什麼富人的名字？即使資本發達的美國，絕大多數美國人也數不出多少個上世紀投資家的名字。無論他們當時如何叱吒風雲，紫醉金迷，通通俱往已。有些人窮其一生只為了如何擁有更多，卻不了解擁有不一定是越多越好，也不應該是人生唯一追求的目標。當個人認識到擁有更多的物質也不能夠帶來滿足感之時，尤其是真的能擁有更多資源與財富之後，卻未能帶來額外的快樂與幸福感之後，很自然地就會開始思考並嘗試去追尋意義。

可是問題又來了，什麼是意義？意義是哲學家想來想去的問題，這問題可以很簡單，也可以很複雜。其實能夠帶給自己及他人幸福與快樂的事情，就是有意義的事情。如果你目前只能謀生，連生活也談不上，那麼追求意義對你來說就會很遙不可及。但也許有一天，你不再必須費上所有心神去維持生計的時候，你不要習慣性地忘記了，什麼才是值得的，什麼才是有意義的，因為這是人生最高層次的追求，這與你能否獲得最大的幸福感有關。人生而有限，而意義的追求卻可以是無限的，因為意義的種子可以不斷的發芽與傳播，產生更大更遠的影響。

最後我們又回到如何追求快樂的問題之上。根據包括哈佛大學在內的長期的追蹤研究發現，快樂的水平原來有一個平均值。如果你達到某些項目時會突然很快樂，比如房子換大了很多，不過由於快樂有適應性，過了一兩年親友都來參觀完示範單位後，你就不會因為住大房子而令快樂長期維持高位。可能需要把房子再次變大，或者換車換其他東西，物質的快樂總是不容易的，因為每次都要有新突破。如果你賺了很多錢，事業成功以後仍感覺不到快樂，可考慮進行一些正面影響他人的活動或投資於一些可以長期發展的社會項目，產生的快樂也會較為持久。這亦解釋了很多富人，在有生之年就開始做慈善事業或者以其個人資本支持創新活動，而且你看到他們做成了一些專案那一種滿足的笑容，似乎是純粹經營獲利得不到的。而對一般最廣大的人群而言，與人建立長期穩定關係的快樂就可以很持久，尤其是有穩定的伴侶，與子女家人關係良好，而且普遍會更長壽與健康，卻與家庭收入水準差異無明顯關係。以上就是快樂的祕方，對你不知道有沒有用，不過似乎對多數人而言真有點道理，而且與我自己的觀察也是一致的。

我想再次提醒快樂是難以比較的，而且大笑不等於快樂，天天在人前裝出笑容的人更易不快樂。如果要引人發笑才快樂，就是把快樂建基於別人的反應之上，更不易獲得快樂，因為快樂被外在而不是內在因素控制了。那些搞笑藝人與笑匠，私底下的生活狀態往往比一般人更壓抑。快樂指標是一些吸睛的指標，越比較越不快樂。不要忘記人也是有環境適應性的，我們有時不能改變自己的環境及處境，但我們可以改變自己的心境，找點興趣樂子，每天給自己一點快樂的時間，好好過日子最重要。考不上我就不快樂？賺不夠就不可以快樂？追求不到就不可以快樂？為什麼我們要為心境平靜與愉悅設下前提，尤其這些決定你是否擁有的前提是你不能控制與掌握的，這不是愚不可及的作繭自縛嗎？

你有沒看過那些在戰中被俘虜並失去尊嚴苟且偷生的人，是怎樣在漫長的黑暗中生存下去？其中一個重要的因素是永遠不要失去內心中的希望，那怕希望之光是多麼微弱，並轉移自身痛苦的專注到自然以及其他事物之上。如果你只是遇上經濟，學業，感情的困難，相對那些朝不保夕的戰俘而言處境不知道好多少。人們總是習慣性地把問題與困難無限放大，比如我們人類的祖先經常面對敵對部落的武裝攻擊，飢荒，蟲害與天災。今天許多人說自己陷入的無比困難，相對那些祖先面對的苦難而言只是小菜一碟，但他們當中一代又一代的還不是這樣生存下來，頑強的生命力令文明與血脈得以傳承到我們身處的世代。即使在你認為最艱困的日子，只要你沒有忘記了自己擁有快樂的權利，任何人仍可以感知愉快的心境，哪怕只是靜靜地坐下來看花看草，聆聽音樂，沉下心神看看書。哪怕忘憂與愉悅只是一天之中的一小部分時間，也就足以支撐你一整天。因為在困難之中你仍能感受到愉快與盼望，你就可以繼續走下去！

快樂與幸福是一種狀態，這種狀態是很多人的終極追求，而這卻不是生命的必需品。但人生處於逆境之中，處於生命的巨大沖擊之下，要得到快樂與幸福，就要成功地跟現實抽離，有時候根本不切實際。內心的平靜跟自在，比快樂更易掌握，亦更容易達到。因為平和不需要積累與達成任何目標，而是返回一種有彈性的常態。人生在世，順境逆境，潮起潮落，有些人已經越過了人生的高點，有些人永遠達不到自己設定的高點，然而我們依舊的活著，依舊的在吃飯生活。人不需要達到快樂與幸福才能生活，但快樂與幸福始終會是多數人畢生的追求，所以我們才要認清楚快樂與幸福的本質。

自我認知

我是誰，我們是誰？我們從哪裡來，我們到哪裡去？這是一個好的時代，因為我們有比以往更多的發展機會。人們更注重生活的品質，以熱愛生活為題材的散文，近年在出版界的影響力大增可見一斑。而豐子愷為代表的家庭生活小品，加上藝術家美學元素的文學又再次復活。生活與文學的復興，與人們物質生活上升同時開始追求品質的生活不無關係。某些文學品種的復活與興盛總有一定的時代背景的影響。同時這個時代的壓力巨大也是存在的，個人跑得比較慢時就有被人拋離的焦慮之感。也難怪日本太宰治為首的無賴派文學能在多年以後在中國興起熱潮，因為在時代中出現落後的人也不少。感到用盡全力奔跑，也難以跟上時代步伐的焦慮感覺，就存在於一些人的潛意識之中。

新的一代面對的競爭不會比上一代人少，所以許多家長對教育不得不重視和投入，以免子女在競爭中落後，這是絕對可以被理解的。只是家長的投入與壓力不要過大，免得壓力太大有反效果。廣泛的中產焦慮普遍存在，我們累死累活營造了一個較佳的學習成長環境給下一代，難道只是為了他們也能累死累活的過同樣的人生，然後再下一代再次累死累活的過日子？這中間似乎有一些問題我們要思索，其實我們真正想過的生活是怎樣的。人生在世，必須有所追求否則無所用心，應用中庸之道保持身心平衡，並接受已盡努力後的一切結果，問心無愧即可。

不過有一點想提一下，大家不要過度美化海外文化，而忘記了中國文化的自身。這世界上最美好的事物永遠存在於想像的烏托邦之中，而不是真實的存在。越是觸摸不到，就有越大的幻想空間，所以很多人對國外文化有嚮往及幻想是可以理解的。但你必須要知道中國的先輩保留下來的文化，是經過了人類社會數千年的反覆測試及驗證才能流存至今，一定有其可取之處。即使時代變了仍可抽出合用的智慧，而不應全盤推翻這些傳統智慧，就以為自己走在時代的前端。

當一個批評者很易，當一個建設者很難。批評者只需要動動嘴皮子，掛上一些似是而非高大上的理由，任意以言論去壓迫對象，就可以有很多人的附和點讚。真的要進行建設，卻要花上大量時間去計畫，要一步一步的實踐。不但要花上很多的時間，心力，而且不一定有預期的效果。但批評者的聲音往往非常大，而理性的建設者總是默默耕耘，所以很易被更大聲的人蓋過。我希望新的一代中有更多人立志成為建設者，認真地做實事，懂得認真的立體思考，評估各種聲音在當前環境條件下的合理性，保留自己的原則去行心中認為是適宜的事，而不是人云亦云隨便附和。我們的文化及教育也不是有生命力的進步成長，廣為吸收各地的知識，吸引各地的人材，由學習者的角色，漸漸變成知識創造者，技術開創者的角色。

態度

格局決定高度
價值決定走向
態度改變命運

態度決勝

人生是多樣性的，不要因為自己的出身而限制了自己的想法。因為觀察現實社會中能有所成就的人，不一定從小就在什麼名校出身，但他們往往都有很強烈的成功與奮鬥的欲望，並有能力為此真正進行實踐而不是只停留在口頭上說空話。奮鬥的精神並不能學習而來，而是環境跟個人的價值觀與態度碰撞而來的。

很多家長的首要教育目標是把子女送到名校就讀。名校之所以有名是因為學生本身的質素極高，這些經過層層選拔的學生本來就是強者，而且他們手中的資源非常豐厚，將來的生活即使差也不會差到那裡。如果你的家境一般，入讀名校也許是考入醫學，法律等海外熱門科的跳板。事實上名校對個人發展的增值並沒有想像中那麼大，而且名校的學生往往比較離地，不明白社會的民生疾苦。而對廣大的學生而言，選擇學校的關鍵是學校會否助你增值。比如你是一個普通的人，在一個普通的學校，學校的老師卻很用心的助學生成長，令學生真正得到增值，這才是選對了學校。

雖然不是每一個具奮鬥精神的人都獲得大成就，但他們較有可能都做到了不負人生。如果人生再來一次也難以做得更

好，已然用盡全力，無怨無悔，自然地達至不負人生的境界。努力後的結果不是我們可以控制，但投入多少就在每一個人的掌握之中。不要抱怨自己生於一個缺乏資源的環境，因為只要你把自己的不再進步歸究於外在環境，你就很可能處於放棄狀態，認為自己是理所當然地如是過日子，那你的日子也必如是。

我必須告訴你命運其實很大程度是受自己的態度影響，同樣的資源背景的兩個人，甚至成長於同一環境下的兄弟姊妹，態度上的一念之差，個人發展差之千里。缺乏資源下，請想一下如何用有限的資源去做最大程度的發展，當你自發努力的時候，你會發現身邊能打開的機會之門就越來越多，生活就很可能變得越來越好。而且個人發展不一定在學術方面，可以是發展一門技能，可以是學習一些經營技巧。但如有機會名成利就，請不要忘記一路上那些曾經幫助過你的人，有機會時對他們對社會做出回報。

謀生與生活

誰人不想過隨心所欲的生活，理想的生活與現實的謀生總是存在矛盾，所以才有了《月亮與六便士》這類描述人類永恆矛盾的傳世名著。書中的主角由一位收入不錯的證券經紀，突然拋下妻兒去追尋心中的理想。不只貧困潦倒，最終更到了孤島中創作。主角經常不敵欲望的困擾和支配，雖然內心中渴望不被任何事物束縛的自由，最終表現得冷酷無情，毫無感恩，連道歉都可以省略，把別人對自己的一切視為理所當然，把應盡的責任推得一乾二淨，放棄應承擔之責任，為的當然是追尋理想這個看似強大的理由，卻苦了身邊的人。

謀生與生活不是必然的對立，我們需要基本的資源才能維持生活，這是無法省略的生存需要。很多人視工作為謀生的手段，並不喜歡自己的工作，為謀生而工作是很正常而且無可口非。在基本的生活需要得到滿足的情況下，選擇什麼工作，卻可以是一種選擇。我們不需要追求能擁有最高物質回報的工作或事業，而是追求最大滿足感與意義的事情。如果你開了一間湯麵店，用心的煮高湯與選料，看著客人愉悅的吃完自己煮的麵，最後連湯汁都喝完了，客人滿足的離開了，你的內心也跟著一起滿足了，這就是再實在不過的意義。一位教導邊緣學生的老師，教導並影響學生自立成才，把很可能走入歧途的人拉回來，把走在社會邊緣的人變成為社會產生價值的人，這就是那位老師最大的回報，這亦是金錢買不到的意義。我們要生活，我們也要謀生，如果既能謀生，又能生活，甚至能從工作中找到意義，這就是非常之好的生活的狀態。

創作與現實

創作源自於生活，可是創作卻不應視作生活的指引，而是視為平凡生活的調味料。一個能吸引他人的創作，必須要有極端的內容，要麼令人極端的喜歡，要麼令人極端的討厭。最好是能引起廣泛討論的爆炸性話題。而故事的內容，應該考慮一切可用的悲劇元素，有這麼辛酸寫得那麼辛酸，悲慘，痛心，離別，徒勞，這樣的作品才有可能震撼到讀者的心靈。當然幽默，快樂等喜劇元素也可以加一點，不過似乎成功流存至今的經典文學創作以悲劇為主導，你應該明白個中原因了。聊人家如何成功，或者聊家長裡短吃喝玩樂的作品注定無法為話題大作，只可能是細水長流。

如果你嘗試去了解更多專職作家與藝術家的真實生活的狀況，你會理解到很多作家都是單身或處於孤獨狀態，因為這才有利於完全專注於個人創作之中，有一些創作者工作之時甚至會處於忘我的境界，就好像武俠小說的人物在閉關修煉的狀態。能創作出經典作品的作家，不少也異於常人。如果把中外著名小說作家的人生故事出版一本文學評論，應該很是有趣的。不過現有的相關出版物仍是太少而且深度不夠，不能滿足我的好奇心。據我自己的考究，其實相當多的著名小說作家以及畫家在創作前後陷入情緒及精神疾病，當然這無阻他們作品

的偉大。這也是為何村上春樹提到大概大部分人都不會太喜歡家的鄰居是一個專職小說作家，他指出專職小說作家往往是一個有點怪異的小眾群體。許多戰後日本作家都陷入了深度抑鬱狀態，部分作品時而狂熱，時而沮喪萬分。在英語創作世界的著名作家當中不少生活狀況也很不好，在此不作詳解了。只是提醒年輕的讀者朋友，文學作品是一件沾上了作家現實觀察的藝術創作，而不是一部提供參考的人生指南，千萬不要胡亂地劇情上身，無法從虛構的世界中抽離。創作者的生活沒有大家想像中的那麼美好，別以為不用謀生日子就能舒適的過。

其實作家不只有創作時的孤獨，也有創作後關注作品影響力的壓力與焦慮。比如創作《大亨小傳》（The Great Gatsby）中為了愛情不問結果付出一切的蓋茨比這個傳奇角色的費茲傑羅，真實的愛情與生活一團糟，而且因出版後初期未能暢銷而深陷失落與沮喪之中，到生命的最後仍對其作品沒有受到足夠重視含恨而終，有興趣的朋友可以自行探究。而傳奇投機大師李佛摩在其事業低潮出版了《如何交易股票》（How to Trade in Stock）一書後，因為銷量不佳反響不多，認為自己的人生就是徹底的失敗，不久就離開了人世。創作者承受的壓力，往往不足以為外人道。所以你會明白村上春樹為何那麼喜歡跑步，因為沒有一些恆常活動作為生活的錨點，作家很容易在生活中患得患失，甚至被無可避免的負面批評或不能控制的銷量打擊，失去了自我認同後再也站不起來。

作家其實很容易會忽略家人與身邊的人與事，否則怎麼能安靜地專心創作，進入自我封閉的忘我創作境界。創作，總是要表達一些大家想像中很美好，現實中卻做不到的題材角色，又或者反映一種內心潛意識中被抑壓的想法，以在書中的描寫來解放自己內心的壓抑。如果你認真地研究一下著名作家或藝術家的生平，相信多數人也不一定想過這樣的人生。作家也不容易付出長時間去經營一段關係，因為要把更多時間留給創作。作家是一個極難代繼承傳的職業，不像其他技藝可以傳承，事實上亦很少見到什麼大作家的子女繼承衣缽，你現在應該明白是什麼原因了。

跟大家解釋創作世界與現實世界的關係，其實是希望讀者們能認識到文學世界的建構與真實世界的生存法則並不盡相同。懂得客觀地分離想像與現實，不被一些作品虛構的想法或橋段去影響你的人生。重點是，看的人知道這是創作，把欣賞創作的心靈與自己的真實生活世界有所分隔，不要太過投入，或幻想立刻化身主角過那一種生活。比如嘗試到大溪地流浪看看會否變身成為畫家或作家，或把大溪地改成了雲南大理或麗江。我只想告訴你，想像的世界才是最美的，不要讓這種美被真實的生活及體驗親手毀滅。偶然短暫相遇是最美的，可歲月卻是一把殺豬刀。內心中保留一個到達不了的彼岸，才能令自己的心中保有一個充滿色彩的幻想空間，有需要時可以用來調劑一下枯燥的生活。

書還是一樣的看，別人的故事是別人的故事，自己的人生還是要自己去過，這並沒有對立。謀生與生活不一定存在矛

盾。就算你天生就有作家與藝術家的天賦，懂得平衡之道的生活，比純粹的隨性生活，更易達至生活與藝術創作的平衡，對自己，對身邊的大多數的親朋好友而言都是一種福氣。

彈性與進化

為自己設定短期可實踐的目標，是推動個人成長的重要一步，因為你會有清晰的工作計畫。不過不要太早就把自己的完整人生進行編程式規劃，因為這有可能扼殺了你將來更大的可能。萬丈高樓平地起，人生多是付出了一定的努上，上了一個臺階，看到了更廣闊的空間，再決定下一步如何走向，然後把想法實踐，再走上更高的臺階，再思索下一步的方向。現實上的行業領袖，沒有多少個從小就立志進入那一行業，甚至乎很多互聯網相關行業當年根本並未存在，一些人是誤打誤撞之中，抓緊了一個機會，再剛好碰上了風口，才可能一飛沖天。反而從小受什麼領袖訓練的，真沒多少個當了領袖。因為能否當領袖受多重因素影響，卻不可能單純的訓練出來。而以一套模式訓練出來的人，個性上卻可能不配合某些行業，而根本不能發展。

如果你在中學時代就思考將來要做什麼工作，比如我一定要成為什麼崗位上的人，比如教師，律師，醫生，企業高管，這些只是你以學生的角度能認知的主要職業種類。其實絕大多人年輕時代的想像都跟將來真正的職業風馬牛不相及。馬雲大學時的專業是英語，他年輕時互聯網還未普及，他沒有可能小時就知道自己會在互聯網行業叱吒風雲。以前有誰會想到現在電子支付會如此強大，手機遊戲會如此普及。將來的工作也是不可預計，未來處於成長風口的行業人才自然不能預計。比如各種人工智慧輔助生產興起後，製造業需要的人手必然持續下降，講求個性與體驗的服務業必然會擴張。更多你想像不到的商業模式會出現，商業化的太空旅遊已經開始出現，將來可能興起了星際旅遊。很多時你今天可以準備的東西其實不多。我只想提醒年輕的讀者，不要太早就為自己立地為界。因為你太早就把自己的人生進行定義，你的人生就會被自己的定義困住，再也無法有更大的突破。因為你很可能想保護自己在舒適的環境之中，這樣就不容易踏上未知卻更廣闊的世界，損失了更大的發展機會。

要記住，機會只會留給有準備的人，我們雖然無法預先準備將來的必要知識與能力，但建立將來知識與能力的基礎卻可以自小培養，尤其養成持續學習的精神。世界沒有一成不變的需要，持續學習能力是避免自己被淘汰的重要因素。最理想的做法是在年輕的時候把基礎能力打好，首先訓練好語文及基礎學科能力，並按天賦發展各種能力。多接觸不同的事物，找到自己有興趣同時已有潛在產業的部分去發力。再然後就是站得更高看得更遠的過程。沒有人知道自己能走得多遠，但建議你不要對將來有太多不切實際的幻想，著眼於真實可以做好的事情。走好眼前的每一步，才可以到達更遠的遠方，這不可以靠空想或熱情，而是持續的投入與付出。無人能確保你付出了就有收穫，有些人總是遇不上風口與機遇。而且即使你好運地遇上風口，你也要思考未來的潛在危機，風可能會突然停了下來，很多企業家就這樣倒了。大家想一下這些年來無數的手機生產商倒閉了，無數的團購網站倒下了，無數的共享概念公司也倒下了，然而經濟總是在成長。世界不是縮小或消失了，只是世界已經變了，舊的公司被新公司替代，舊的行業被新興行業所替代，你需要改變自己去適應環境。

偶然幻想一下可以激發創意，只是單純的空想並無益處，想得太遠也是無益，因為你很可能只是浪費了時間，靠自己奮鬥而收穫滿滿者大多數也是經過了巨大的努力與付出的過程。把時間規劃在眼前可處理得更好的事情上，每星期，每月再給自己一個時間去做自由的思考探索，有彈性的令自己的認知與思維也在持續進化，把自己的能力與成就越過原來想像的界線。

金錢價值觀

有多少讀者朋友的家人有認真地跟你談過金錢價值觀？我自己就把這個問題問過大量認識的人，多數只聽家人說過量入為出這一條理財原則，大多數的家庭都很少討論金錢這個看似相當俗氣的問題。

當然我偶然也聽過一些較為奇葩金錢教育法，比如有父親教兒子錢是用來結緣的，建議求學階段的兒子天天請同學朋友吃吃喝喝，廣交朋友，估計他老爸就是靠此法發家的，但兒子的同學最大可能只會成了酒肉朋友。還有一種是實踐式金錢教育法，老爸是頂尖的財富管理銀行家，要十多歲的兒子自行管理一筆可觀數額的投資組合，賺了一起吃肉，虧了就一起痛哭。果然兒子用了幾年時間經歷了別人沒有經歷的股市牛熊周期，在市場波動時因失去了賺回來的帳面收益在學校失聲痛哭，老爸反而毫不心痛，對兒子說你現在虧大了，將來就可以避免犯上更大更致命的錯誤，其實是賺大了，因為你已經經歷了市場的試練成功活下去了，我給你投資那筆錢從沒有預計過能收得回來，哈哈！我只能說這種震撼教育法育定不適合多數的人，因為大家真的沒有那麼多錢可以給兒女虧掉，這種教育法也太震撼。還有一種是任性試驗法，比較多是祖輩經營生產類實業，而現在行業需要轉型，主業的戰線在收縮，第一代年紀又較大，就會給兒女們一定的錢做種子投資，他們可以自行投資不同產業，或者直接做金融投資。而且老爸或老太通常都準備好多種子，當某些子孫手中的種子失敗了，過了不久又會給他新的種子去復活。

如果子女沒有太大志向，有一些打下江山的第一代並不介意子女當中的部分人拿這些種子錢去純粹吃喝玩樂，只要生育多點孩子就可以了，反正這些錢夠他們吃幾輩子。家族中只要有一位能繼承及發揚家業的有能力者，其他人也不用人人都去衝鋒打拼。這種情況在一些經營數代人的富裕家族也並不罕見。既有少數人勞心勞力去支撐一個大家族的開支，這少數的人得到了決策的權力，其他人不作為就是最好的配合。因為一間公司不可能政令多出，必須有明確的總指揮及權力核心。所以家族旁枝的人群在金錢的教育上，就沒有太多指引，只要支出不要過大就可以了。

對於大多數出身普遍家庭的朋友，以上的金錢觀點可能十分離地。因為沒有不勞而獲的本錢，個人不去努力賺錢就不足以支持生活開支，為了生存必須要奮鬥。很多自力更生的人會認識到，不要亂花錢的重要性。而我們人類總有過上好生活的欲望，可是好的生活的定義並不是絕對的，而是相對的。好的生活的定義往往是比身邊的朋友同學親友水準高一點點，只要高那麼一點點心裡就樂開花。所以大家比較地段差不多的房子先比較多少平米，朋友住一百平米，你就想要一百一十平米，彷彿房子少了十平米就是輸掉了人生似的。然後是車子的型號，比如主流的品牌通常按數位或英文字母排序，駕駛更高級系列的贏了更低級系列，雖然細心一看不少豪華汽車的駕駛者往往都謝頂了。你很可能只看到別人擁有的，卻看不到別人付出的與失去的。

與人比較其實是人類的本能，看了幾千年來的歷史以及各類文獻記錄，這種人類本能行為直到今天仍變化不大。遠在數千年前的中東地區米索不達米亞的楔形文字考古發現之中，已有記錄老婆埋怨出外經商的老公何時才有錢修大房子，還說旁邊家的鄰居正在修啦！我看了那資料後笑翻了很久，發現古今中外的物質比較本能是不太可能改變的，只是程度的嚴重性的分別，大家有時會互相比較也是人之常情。

不過比較要適可而言，尤其是公開的炫耀除了令一些人羨慕，和引來一些表面的讚美以外。除非你能提供真實的利益與好處，或提供別人也能通向更好生活的真實建議或提案。單純的炫耀對聽眾而言，除了產生酸味和妒嫉以外，很難想到對他人有什麼大的好處，也沒有太多建設性的價值，這種炫耀可免則免。

當年秦始皇在天下巡遊，劉邦在咸陽目睹其強大出巡陣容後十分眼紅，發出了「大丈夫當如是也」的感嘆。項羽觀秦始皇在會稽渡浙江，看了卻有更多的妒嫉與恨，說出了「彼必可取以代之」的豪言。而秦始皇的基業不久以後真的被取代了，威盡一時又有何用，長治久安方為上策。做人處世，面對資源處於較弱勢的受眾，雖然內心比較在所難免，減少令人不快的表達，也是一種尊重的表現。

財富的作用

我們既然是社會性動物，生而為人很難逃避有意與無意的比較。問題是，我們的生活與財富的關係應該是怎樣？不少親友提出的金錢觀是無錢萬萬不能，過日子很慘的，這是很客觀的描述。很多人都讀過杜甫的茅屋為秋風所破歌，卻沒多少人會想親身體驗一下詩意。我自己的長輩很少提錢，除了說要讀書的錢絕不能省，說到做到。我能立足於社會受老爸的影響很大，他對學習非常重視，因為他小時候只能上到高中沒有上大學，尤為重視提供教育資源。但除此以外，他們對金錢的描述也不多。正如我問那些不同階層的學生，他們似乎對錢都沒有什麼哲學理念，大概是有錢就花吧，沒錢就省點啦！

我自己對這個題目很感興趣，用了很多時間去尋找跟錢有關的哲學。孔子說「君子固窮」，即是在貧窮狀態下也不會影響到君子的一貫品行。但不代表孔子鼓勵大家去變窮，「君子愛財，取之有道」就更能反映出孔子對金錢的態度。二千多年後的今天，我自己認為這兩組原則仍然適用於當下的社會。我們作為凡夫俗子有本能的享樂需求，誰人不想過更美好的生活，力所能及給伴侶，兒女，父母優渥的生活條件絕對是一件好事。追求金錢不是壞事，經過努力而擁有金錢也是好事，只是必然要取之有道。比如賣劣質食品，或以巧取豪奪獲得的錢財就不是好事，而是對社會有害的壞事，反必加以行政法律的制裁。道德是阻止我們去損害社會利益獲利的第一重防線，法律只是用來守尾門的。如果社會中絕大多數人都能取之有道，我們的社會幸福感應該能大大提升。所以金錢的本質是好事，但要視乎我們如何獲得，以及如何使用，有沒有發揮錢的良好助力。

普通人努力工作，收入可以維持基本支出，能自食其力，就可以達到獨善其身的水準。對有能力的人士，達則兼濟天下是最高的理想狀況。個人追求不朽的影響力，真實的造福社會，這種自利並利他的行為應該得到鼓勵。為富且仁，就會贏得社會的尊重，發揮出金錢的影響力。如果你終其一生只為了追逐更多可以量化的數字，花光了一生的精力與時間，成為了財富的奴隸，而不是財富的主人。在離開世界之時，你除了躺在銀行戶口的數字，又或者那些等待徵收遺產稅的不動產，什麼也沒有留下。這不是表面上富有的「窮人」嗎？富在外在的金錢，窮在生命的貧乏。如果稍為改變一下想法，財富就能從一堆沒有生命力的數字，變成了不可量化的價值與影響。

創造財富的過程並不一定是沒有意義的，企業在合法合規進行競爭，為大眾提供優質的產品及服務，善待員工，為國家納稅貢獻，就已經是盡了基本的社會責任。努力經營獲得盈利致富，仍不斷按需要作出投資與創新投入，應該獲得社會的尊重，因為他們是國家的競爭及創新的力量。尤其是科研一類的公司，他們需要不斷的投入，經營的過程就會帶動國家成長。

如果你追求金錢的過程，能夠創造社會價值，這就很值得去努力奮鬥，拿出一些錢去獎勵自己，花起來也是痛快的，這就是最簡單的金錢觀。賺到以後善用這些財富，去創造更多真實的價值，結下更多良好的人際互動緣分，就真的是有福氣了。

共贏還是贏家通吃

敢輸才會贏的態度，不只影響個人成長，也會影響社會進步。多年以來全球最大經濟的美國，在一片天然資源並不富裕的北美洲土地上，能在先天不足下跑出，超越他們的歐洲祖先。由移民帶來的奮鬥開拓精神，以及由敢於失敗與鼓勵嘗試的精神是當中的關鍵。相關的精神與態度，在那片土地上產生了大量的發明，創新，與創造性破壞。舊的商業模式被更替，經濟發展保持活力，而且人們對教育的投入不遺餘力。當然也有兩次大戰影響到的機遇，把許多聰明的腦袋都容納其中。問題是，在現代商業模式的變化下，收入與財富變得極度集中，很多人的美夢早已幻滅，辛苦工作也只能應付基本帳單，到了要反思制度為什麼會漸漸失去光環的時候。

我們在追求社會整體發展的同時，是否也應該考慮中國傳統哲學中的天人合一的觀點，一個人與一個企業的強大，是純粹有利於其自身，還是有利於全社會。我們與社會本身是處於對立，還是認識到大家是一個整體。如果社會的大餅擴張的同時，我們是刻意貶低競爭力不夠者，還是考慮如何幫助他們改善生活。基本的生存，醫療等保障，是個人生存的必須品，還是奢侈品。為什麼很多國家要以自由經濟之名，製造如此不安全的生活環境，我們的祖先還有土地可以依靠，退一步仍能自

立生存。在當今社會，競爭力不足而並不懶惰的人，還可以依靠什麼。誰都有老去的一天，到時，你又可以依靠什麼去保有最後的尊嚴？

我們必須認識到，個體的命運與群體的命運是相關的，而沒有人能單靠自己長期存活。種群的存活，必定是建立在相互協作的基礎上。我們在成長中往往把我與他作清晰的劃分，這也有相當現實的考慮，因為子女有最大可能在老年時提供照顧以及探訪，也由此建立起社會的親疏秩序。你的子女擁有你的基因特質，到了你的孫子，到了孫子的孫子，保有你的特質就會所剩無幾。生命的本質要進化，子女在母親之中已經是獨立的個體，與母親的身體有所排斥，所以孕婦的抵抗力才會自動調低去保護嬰兒免受自身免疫系統的攻擊。一代又一代的人都是獨立的群體，他們各自承載了一些祖先的東西，又加入一些新的變化。而把你的基因傳播的想法，就好像往大海裡撒一把鹽，一會就不見了。許多代過去以後，即便直系的後人也無可避免地跟你的直接血緣越來越薄，直至找不出太多你與你的後人跟他人生物上可區分的關係。即使你是單身，仍應該認識到你不是憑空而來，而是有大量跟你本質相近的人一起活在同一時空。

沒有人能憑自己的個體在世間延傳，而進化的須要迫使個人擇偶必須選沒有明顯血緣關係的對象，令家庭與家庭之間必須要有所交往，利益有所交集。這是人類這一物種繁衍生息的自然規律，亦是大自然迫使整個物種不斷進化的手段，否則恐龍時代結束以後，智人這個新物種就不會出現在這個世界。多數物種在成年以後都是自生自滅，人類有了累積生存資源結下一代的想法在生物界是非常罕有，這念頭本質上是好事，因為資源的累積可以幫助下一代更好的應付環境的變化。可是有些人終其一生努力去累積許多的個人財富，自己不捨得去花也沒有如何最佳化使用的想法，往往最終演變成了子孫替代其去揮霍。這樣去看，倒不如在世之時就想想如何花得有益一點，有意義一點去使用。請想一下就算某人真有百子千孫，最終還是會與社會融為一體。當你明白到人類社會最終還是一個整體，你就不會隨時損害他人，損害環境以獲取個人利益，因為你知道這是傷害自己相近的人，以及子孫後代的利益。

很少人意識到個人的財富需要社會穩定去承載。能夠累積財富的不外乎實體資產與金融資產。實體資產中的不動產，不用說在社會變化中被破壞沒收，只要增加房產稅收，比如日本設立了的房產稅，已經能長期壓抑投資回報。如果再加高一點稅率，持有房產就會等於持有負債，美國有些人口流失地區的房子擁有者直接棄房，或以象徵式的價格出售房子，不是偶然的事件。有很多人認為持有黃金就必定能保值，可是沒有多少人知道在一九三三年以後的數十年之間，個人在美國持有任何實體黃金是刑事罪行，所有黃金必須要上繳至聯儲局。如果想要改變金融資產的擁有權就更簡單，要凍結要沒收只要一條法令就可以，近年一些已發展國家的法律中增加了非刑事罪行所得的沒收與凍結可能，那些新增的法例訂立時並沒有遇上社會的阻力。法律是由人訂立的，能保障你的不是法律，而是社會

上與你擁有廣泛共同利益的人，他們才是你的個人財富最堅實的保障。

近年全球社會的財富與收入不均達到數十年間最嚴重的狀態，尤其崇尚純粹資本主義與自由經濟的體系，在無限印鈔年代產生出巨大的財富越來越不均，令許多有識之士非常不安，因為他們即使身為制度下的勝出者，卻深明歷史上這種巨大的差異帶來的危害。比如創立橋水基金的達理奧與創立惠理基金的謝清海，這兩位白手興家的人都表達了對社會不均衡的擔憂，亦表明不介意承擔更多的稅項與社會責任，他們不希望下一代人失去了透過努力奮鬥改善生活的可能。擁有大局觀的人，不會終其一生只在純粹的經營自己的財富，也會希望整體社會能一起分享經濟與財富成長的果實。擁有良知與識見的公民深明自己亦是社會的一部分，他們努力去經營的同時，不希望社會以及財富分配走向單極，因為這對多數人以至整體社會而言並不是什麼好事。

羅馬哲學皇帝在《沉思錄》中提倡的個人行為準則，跟孔子提出的行為準則有很多相似之處，都講克己修身，不被物慾支配，保持謙遜，以理智本性生活而不是為了取悅大眾而活，對良知與原則絕不妥協，並盡力在社會中貢獻自己的能力。似乎古代東西方有深刻社會經歷的賢者對個人行為準則的想法在不同文化中也有一定的共通性，這種相似應該不是偶然。不過有時候標準定得太高，多數人難以實踐之時，這種理想的行為準則就失去了現實世界的影響力。絕大多數有血有肉的人不可能是無私聖人，也不期待身邊的人會是聖人。只是當一個社會中有更多的人在考慮事情之時，不以己利為唯一標準，不以黑與白把人劃分，不會忘記了人類的良知，互相尊重，共融，共存，一樣的人，世界便不再一樣。當奮鬥者沒後顧之憂，當商業的創新及經營者是被讚賞而不是視為貪得無厭，才是社會之福氣。

我們在考慮自身強大的同時，也要考慮別人的處境，即使不能直接幫助，也千萬不要踐踏。尊重，共贏，才是一個創新社會之福，這需要合理的資源再分配，以保有對奮鬥者應得的獎勵，推動可持續發展的幸福社會。盲目的崇拜競爭，而不是共融與尊重，會把社會推向不能持續的深淵。人類是一個巨大的命運共同體，選擇合作共贏，還是贏家通吃，結果差之千里，希望更多人能擁有更廣闊的視野，一起為子孫後代創造更幸福的環境。

情感

情感是一種強大的力量
可以帶來創造與快樂
也可以帶來毀滅與傷害

感情與理智

在成長過程中，我們很難躲開情感相關的提問，遇上一些情況處理不當，可以對往後的成長產生很嚴重的負面影響。感情是非常個人的事，很多家庭當中很可能完全不會提及這方面，完全由子女自行探索。既然沒有指引，很多年輕朋友就會從朋友間，從小說，以及網路上的文章去吸收一些對待情感的指引與想法。每個人的感情經歷都是獨一無二的，我無意對非常個人的感情行為說三道四，只是不願見到一些年輕人因為某些盲目的觀點而受傷害。家長最好不要回避情感這一方面的題目，如果沒有潛移默化的影響，他們也會自己去尋找答案，最易找到的答案多是比較偏激與膚淺。身處一段良好互動的情感關係之中，是不用說出來的，而喜歡周圍宣揚的情感觀感，多數是強烈偏執的狀態。一些青春快樂的學生，有時也會被突如其來的感情問題困擾並且受到巨大的傷害，尤其陷入痛苦的強烈情感漩渦之中，往往不能自拔。

開展情感世界的探索之時，你應該知道這是一種未知的體驗，情感絕不只會帶來甜味，而是有其甜酸苦辣各種味道，這是一種難得的個人經歷，而且是非常個人的體驗，雖然情感經常是影視及小說題材，可是沒有任何人可以給你標準教科書式的情感處理建議，每一個人的經歷與故事都是不一樣的。當然有一些情感故事似乎有一定的相似性，這與歷史總是相似，卻不會簡單重複是同一道理。走入情感世界前你要準備的其實不多，由於情感世界的波浪有時較大，應對風浪的最佳基礎是即使一個人也可以好好過日子，這就達到了不懼的境界。這樣你在面對情感世界的翻波中就可以無所畏懼，從容不迫的享受參與其中的經歷，而不是患得患失神經緊張。

稍為積極的人還可以有一點能力上的準備，一個能照顧好自己的人才能好好照顧他人，自己都照顧不了的人，又怎麼能好好的接受與給予。在情感關係中我們需要有尊嚴與自愛，自己都不愛的人很難被他人所愛。分手的情侶常會說對方最愛的人是自己，這是躺著也會中槍的指控，因為愛自己照顧自己的利益與感受是人之常情，其實這類對白真正的指控是對方對自己的關愛不合乎自己的要求，這是兩個人之間的平衡問題，這是有理說不清的，旁人要留心，不要聽了一面之詞加予過多的煽情意見。認為不合適的選擇分開，比勉強的把兩個人綁在一起互相折磨往往更合適，沒有必要執著於誰對誰錯，執著有時候是一種二次傷害，放過別人其實是為了放過自己，放下舊的包袱，才能輕鬆的往前走下去。並不是每一個人都有與生俱來情感的承載能力，這需要後天的歷練。如果一個人與任何人都不合適，也不做出調整與改變，很自然的就會單下來，也許一個人的生活對部分人的現狀而言更為合適。

相信很多人都看過一些愛情小說，裡面的主人公如何以真誠與毅力打動女神的芳心。很多不明現實的年輕朋友就真的會

嘗試去做一些表達誠意的行為，然後當然是沒有成果，變成了如網路故事的情節，女方十分感動，然後拒絕。如果追求方沒有覺悟，以為是誠意不夠，盲目相信精誠所至，金石為開，最終甚至可能演變成女方十分驚嚇，然後拒絕，這對追求者和被追求者而言都是一種傷害。真正有正面效果的誠意，是在雙方有交往意願，互相有好感的基礎下，交往並建立認識與互信，當發展到一定程度，再展示誠意，在對的時刻遇到對的人，自然水到渠成。沒有這些前提，胡亂做出示愛行為，除了引起轟動令對方難堪，最終變成被譏笑的對象以外，對於喜歡的人與自己都別無好處。如果真有誠意，如已經瞭解到對方未有意願，可以只保有普通朋友狀況，在對方有需要時做出能力範圍內的合理支持，但不要淪為有用時才被利用的蝦兵蟹將。自己也擴充人脈多開拓社交，當你的能力與氣場提升後，也許在將來的某一階段，你真的有機會相遇。

即使永遠也是有緣無分，這種個人提升對自己及身邊的人都是有益無害的。在現實之中，當你自我提升以後，你更大可能已經遇到其他更合適自己的人了。因為當你不是把自己封閉，而是把世界開闊了，人變得更積極與開朗，生活更有趣味，自然會變得更有吸引力，也更懂得怎樣與別人相處及溝通，很多不同的新機會就可能出現。請認清楚你的人生不是為了某一個人而活的，既然與喜歡的對象有緣無分，遇到其他合適自己的人，就不要錯過機會，不要困於要追到某人的迷思。這不是背叛舊的情感，而是變得成熟，不沉迷於不切實際的幻想之中。當幸福來敲門時，就要勇於拋下小說式的迂腐情感包袱，勇敢走向前邁出一步，要知道幸福是要靠自己爭取的。

有一些愛情小說中的女主角總是愛得死去活來，把所有心思都放在一個人身上，非君不嫁，然後成就了淒美的故事，令人感動落淚。不過請切記，這是故事，不是真實的人生。那些寫得出感人愛情故事的主角，多數的感情生活非常不幸，因為生活上太幸福的人就寫不出什麼能吸引別人的故事了。你在網上看到別人曬幸福時，點個讚已經很給面子。如果需要付費以書籍或其他媒介去看別人曬幸福，這是絕對沒有市場的商業模式。反而應該派個紅包給觀眾，補償一下這些曬幸福類作品對觀看者產生心理落差的負面影響才差不多。所以有些大學編劇課程中，要求學生創作的劇本中加上最大量的不幸元素，主角有那麼慘就得那麼慘，還要加點犯賤，要麼極端善良然後際遇極端可憐，去創作能賣的故事。我總會想起莎士比亞的劇作，以及余華的名著《活著》。

電影《尋找快樂的故事》（The Pursuit of Happyness），當主角從失業失婚帶年幼孩子流浪街頭的悲慘人生重回上升軌，就到了故事結束的時間了。類似的故事安排多不勝數，西班牙名著《唐吉訶德》，當主角認識到自己沉溺在幻想世界的騎士情結有多愚蠢後，故事也到了尾聲了。同樣的道理用在愛情文學創作上，主角不那麼激烈固執，自絕於身邊所有人，執迷不悟，飛蛾撲火，怎樣能吸引讀者。有時因為這些作品中主角完全離地，主角們不用工作或沒有什麼生活壓力，自然也不用為事業與生活做出太多奮鬥。只為愛情而生，不斷付出更多，不問結果，才令讀者有痛心之感，才能營造出角色的悲劇命運。問題讀者必須知道這是小說啊，讀者必須知道這是故事創作而不是真實的人生啊！

真實的人生中你若套用了這些行為，就是把小說虛構的劇情變成悲劇在自己真實生活中上演。因為固執與偏激引起了內心的封閉，慢慢變成只願聽自己同病相憐的人互相訴苦，把自己的心靈困鎖於狹小的空間，聽不下任何客觀意見，把自己的生活親手摧毀。年輕的讀者可以自行翻查一下那些女性愛情文學大作家的真實生平，尤其晚年的生活狀況，你真的會看到一個又一個的悲劇在人生真實上演。我並沒有質疑她們的文學作品的價值與地位，只是讀者必須分清楚文學創作與真實人生的巨大差別。我真的不想這種悲劇情節上演在入世未深的年輕讀者之中。

情感難題

請切記人的一生並沒有預設為了未認識的某個人而存在，人生不是只有一個合適的對象，沒有了誰也是可以獨立生存。對一般情侶而言，你人生中沒有遇到那個什麼男神女神之前，還不是好端端的生活，沒有什麼是不可以失去的。在建立感情關係時要理解到人是會不斷改變的，即使當初那個人是情真意切的跟你在一起，當一些矛盾或現實的因素出現，又或者被生活把強烈的感情沖淡，殘酷的現實不斷的磨蝕你們的情感關係，又或者兩個人出現無法調和的矛盾，選擇放手也許對兩個人來說並不一定是壞的選項。往日的甜蜜的片段無力維繫一段已變質的關係，一切只能成為回憶。當然成立了家庭的人會有很多顧慮，如果有了下一代，許多人對於仍能修補的關係都會嘗試盡力挽救。過日子說難不難，說易也不易，這需要兩個人一起共同努力，如果只剩下一只巴掌的關係，又怎麼能拍得響。

在感情的世界，學會帶眼識人非常重要，因為真的有一類情感玩家的存在，可以把對方的情感玩弄於股掌之中。他們對愛情表現出熱切的渴求，非常浪漫令對方充滿想像，失去防禦，泥足深陷。短暫的火花過後，卻可以把你當普通衣服一樣隨便拋掉。也許有一些人是連自己也不知道自己需要什麼，在不斷切換的過程對已建立關係的人產生傷害。有一些人更是存心欺騙，也許分手之時還有以下對白：

「你還會問我沒有真愛過你？」

「有，我真的沒有騙過你，只是這份愛已經不在了，我無法欺騙自己的內心，我也無法欺騙你。我當初跟你在一起是為了美好的追求，當我遇到更美好的再去追求，你不是應該祝福我嗎？我們好聚好散仍是好朋友噢，我就不捨得讓你哭。」

這失去承諾與拋棄都用上了愛與真誠作包裝，感情對這一類人而言只是一場遊戲，最厲害的是騙子把自己也成功地欺騙了，才能表現得那麼的逼真。

如果你知道這種玩家的遊戲規則，清楚知道必然的結局，仍決定去飛蛾撲火，這是追求一瞬火花而求仁得仁，旁人也不好提點些什麼。可是真正最易受重度傷害的是那些比較單純，入世未深的人，遇上這些情場玩家，聽了花言巧語，配以一份早餐，一點零食，一次旅行的小恩小惠就以為可以託付終生，被人玩弄於股掌之中。最可怕的是對方初時表現得很真誠，因為他當時真的動心了嘛，只是他沒有告訴你，他控制不了自己內心深處的想法，沒過多久又會情不自禁的變心而已。就差點沒親自對你說出口，「跟我在一起請保留一點對愛情火花的自覺，不是你不夠好，而是當火花熄滅了，對你的愛自然而然也不復存在。」

沒有責任，沒有承諾，只有虛幻感情與感覺，你卻妄想建立長期關係。無論是男孩或是女孩，付出所有得到如此結果受傷至深，可能對人對感情都失去信任。所以我才花了這些篇幅向年輕又用情專一的讀者作出提醒。如果一個花心大蘿蔔型的情感玩家，應該很難受到情感傷害，因為沒有太多真正的投入，自然沒有什麼傷害。對情感專一認真的人打算建立情感關係之前，請立體地認識對方，不要只看到表面，不要忽略去觀察對方的責任心與誠意。比如你很易從他對待朋友與父母的態度得到一些比語言更重要的線索，如果交往已有一定的時間，仍對於對方的家庭朋友圈子所知不多，未被對方的主要親友圈子所認識，就可以間接瞭解到對方的誠意的程度了。情感玩家永遠不會完整暴露他的真實圈子與身分，因為這有可能增加分手時的代價與影響。而真誠的對象恨不得一有合適的機會就把你介紹予身邊的圈子。無論最終兩人是否長期走在一起，至少交往之時是真心以誠相待，而不是遇上了情感玩家。

不少人說談戀愛時智力及判斷力急降，我是認同的。只有在雙方交往之最初還可能保有一點的理性，所以在你仍有理性的時候請先思考對方是否真誠，然後根據真誠去判斷是否值得更深入交往。而且真有科學研究發現不少人會得了強迫症的症狀，在熱戀期對對方過度關注不斷察看對方的訊息，所以在建立關係前多瞭解至為重要。

其實我很懷疑令認知能力急降的強烈情感狀態，是因為祖先在進化過程中因為物種延存目的而出現的。也許人們交往時若過度理性，人類可能未發展到今天就先行絕種了。我們要明白到即使真誠交往也不能保證沒有傷害，但是至少雙方也是付出了真心，即使最終沒有在一起，也可能因更瞭解各自性格特點促使個人成長而遇上更好的緣分。而遇上情感騙子不只是傷心，還要因為自己的愚蠢而感到痛心，更可能因為投入太多而非常不捨，慢慢演變出對其他人失去信任而自我封閉。

認識更多人擴闊社交圈子是好事，但在你準備對某一個人付出所有之前請帶眼識人，作多角度的瞭解，雖然人生總是無法完全避開風險，卻總不必要明知是坑，還特意去踏一腳這麼笨。如果踩了坑而沒過多久後分開了，這是塞翁失馬焉知非福，至少沒有損失太多人生中最寶貴的時間與青春。大家想一下各種轟動婚禮的主角，有多少最終互相變了陌路人，全球各地的例子多得我也不想作太多舉例。話題性婚禮的主角，比如英國皇室的童話式婚禮，韓國商業巨頭的世紀婚禮，多少名人的超豪婚禮，有一些人幸福到白頭，有一些只剩下一地雞毛，而且雙方的頭頂上都可能互有綠光，閃閃生輝。

奇怪的情感引力

你可能奇怪有一些人，即使出身不錯，一生勤勉，平平穩穩腳踏實地的過日子，卻不易找到另一半。因為在自由戀愛的世代，不是單靠能力與財力就能找到合適的人，很多時需要主動出擊。婚戀最有趣的是並非一個億萬身家就必定勝過百萬身家的，收入與財富，工作能力與晉升當然可能是考慮，但能否找到對象，尤其是雙向喜歡的對象，卻不一定是那麼簡單的條件配對。在自由戀愛世代，很多時需要講求吸引力，什麼是吸引力，這就很難說得清楚。

對多數的人而言，尤其是最初的印象，外表是其中一個不能忽視的因素。外表不單是單純天生的外表，還有的是衣著與行為。一位工作狂人，除了工作以外沒有生活的樂趣，他是沒有個人吸引力的，他唯一的吸引力就是外在的金錢，如果以金錢作為吸引對象的唯一因素，想想就知道這種條件可以吸引到什麼對象，要麼是家裡非常困難要找人支持，要麼就是純粹的拜金對象。人與人相互的溝通，關心與互動是金錢替代不了的。如果長輩說努力讀書賺到錢就自然有伴，你應該理解到他們很可能生活在配對婚姻的舊世代。時代不同了，沒有形成立體的個人吸引力，花了許多的金子也往往只能吸引到一些毒花毒蛾。吸引力並不代表你要買名牌，開名車，住豪宅，而是你的生活中有各種的趣味與活動，兩個人在一起可以有很多美好的體驗與經歷，而不是純粹充當一部自動提款機。

不同的人可以跟不同的人配對，這中間沒有絕對標準。各種特徵的人，卻會因為出現在一個特定的時間，而互相吸引。對個人而言，你難以找到一個普世通用的吸引力法則，有很多配對是很偶然發生，如果發生的時間處境有所改變，兩個人就不會產生相互吸引力。對於一位從少缺乏資源並被冷落的個人而言，財富與資源就可能是逆轉其個人以至家庭命運的關鍵要素，可以產生重大吸引力，令人不會純粹的喜好為優先。當個人擁有穩固的財富資源以後，獲得更多的財富對他們的吸引力就會減退。對於那些生活富足，過得順心如意從小什麼都不缺的人而言，無條件包容其任性的人可能是考慮選項，但最具吸引力的可能是具有挑戰與叛逆特質的人。對從少缺乏關心的個體而言，最大的吸引力是被珍視與關愛，確定對方不會離棄自己，可提供絕對信任與依靠的人選具有極大的吸引力。對於本身能力強大也不需要情感依靠的個體而言，一個需要依靠他並且真誠可信的對象，吸引力更勝於其他外在與資源條件更優勝卻心高氣傲的對象。不少白手起家的企業家，能跟其長期生活在一起的伴侶，往往不一定是什麼名門望族出身，更多時是心意相通，也樂於照顧其家庭並打點好周邊人際關係的人，對外對內一攻一守的兩個人，才能夠互補而不是互相碰撞。當然以上只是純粹吸引力的角度去想，很多時現實人生中的選擇可能並不多，有時迫於壓力，有時源於年齡與自我焦慮，想找一個怎樣的人的想法會在現實下漸漸變成了只要找到一個人，有沒有吸引力倒成了非必要的考慮因素了。

尋找對象的過程中，個人如果有些明顯不合適的行為，比如完全忽視基礎禮貌與社交禮儀變相令人難堪，又或只顧說自己完全忽視及照顧對方的感受。如果能認知問題所在，請考慮作出調節。這種調節不是改變你自己成為另一個人，你還是那個自己，只是在相處方面令人更舒服。強調我行我素，行為處事方式永不能改變，只是自我放棄進步的藉口。難道你出生以後的行為就必須要固定，小小的嬰兒只喝奶就心滿意足，成長以後飲食就會漸漸由流質轉向固體食物。為什麼長大後進食的東西與口味會隨成長而改變，而個人行為卻可以用個性為藉口完全不作調整。人的個性是成長過程中由先天的因素及環境互動之下改成的，不是純粹天生的，個性形成後改變並不容易，我們很難亦不需要嘗試徹底改變自己，但我們需要學習如何更好的跟其他人相處及建立關係。這跟個性沒有衝突，而是跟自我封閉與拒絕成長有關。

兩個人的相處有時候可以磨掉相互性格稜角的，無論兩人最終是否在一起，自身都可以因此而得益。我們不需要為了潛在對象不斷的改變自己。你應該思考能跟自己配對的對象的最基本條件，然後積極的擴闊生活的圈子，在遇到疑似合適對象時主動一點。緣分是由緣和分兩個因素組成，不主動一點就只能有緣無分了。你必須要認識到，對絕大多數的人而言，你遇上的第一個對象變成相伴白頭的可能性會非常低，我知道大家一定可以找到大量反例證明我是錯的，我只想說明一個普遍性的現象，現在不同地區的離婚率等閒去到百分之三十至五十，如果只是有如生命中過客的普通對象又有多少能相伴終老就可想而之。我想說明的是，無論是如何的熱戀，也不要把一段戀愛視為生命中唯一重要的事，一定要經得起打擊與情海翻波，流點眼淚很正常，生活還是會繼續。遇到情感挫折，不緊要，因為我們絕大多數人都是這樣長大的，你絕不是孤單。正如人不跌倒過就學不會走路，跌倒了痛一會，拍拍身上的灰，明天太陽不是一樣照常升起，沒什麼大不了。

如果一個能力平庸的人，個人的生活狀況不過不失，心中卻懷有改變世界的理想，又或者極度渴望有一天能飛黃騰達，衣錦榮歸，光宗耀祖，在現實世界卻無能為力，遙不可及的理想世界在心底迴蕩。當遇上同樣能力與想法的對象，由於他們的價值觀與處境相似，很自然而然的就可以走近成為能深度交談的朋友，有時候甚至可能會更進一步發展。不過關鍵的問題是，兩個極度渴望過上等人生活，希望成為被人羨慕對象的人，生活上卻一直沒有能夠達至心中的理想活法，比如想住多大的豪宅，汽車要什麼品牌，下午茶要到那個星級酒店，旅遊要到那些普通人去不到的豪華境界。終其一生的最大目標是為了突破自己原有圈子與階層的人，很少會心甘情願的接受平庸的生活。即使勉強結合，也很難忍受今生無法達成夢想的遺憾。

其實這類人群個人條件中通常也有一些小亮點，如果年輕時願意接受現實往往還是有所選擇。但是，那些過平常日子

的選擇對他們來說並沒有吸引力，所以他們幾乎命中注定會與同類互相吸引，卻不易吸引到真正的目標對象願意長久為他們放棄森林中的其他選擇。只能成為別人生命的過客，他們卻找不到自己的歸宿。因為他們一直意識不到，問題的根源是在自己的潛意識之中。幻想世界與現實的距離出現的鴻溝，能不能修補，自己的世界能不能多一點色彩，有時只是一個想法的改變。

情感引力最奇怪的是，有一些人看似充滿缺點與壞習慣，想不明白這種狀態的人還可能有豐富的感情經歷，為什麼還是不斷有人願意跟他往來？這些人甚至並不專一也不一定安份，工作也可能是一事無成。大家想想《人間失格》的作者太宰治就明白了，只要這種人剛好遇上一個處處不被接納和欣賞的對象，或在原生家庭被忽視甚至排擠的人，也可以產生奇怪的相互引力。當對方感到終於遇到有人選擇不厭惡與無條件接納，沒有被拒絕的風險，並包容你所有缺點，信任對方不會拋棄自己，只要沒有背叛有限度約定條件的情況，對方就會得到安全感與情感依靠。這樣建立起來的關係也可以成立的，可是這種關係很少會天長地久，不過我們也要知道天長地久不一定是戀愛的前提。

為什麼一些人在外人看上去明明非常壞，其對象仍然對其容忍和不離不棄。我們要先理解到人在成長過程中需要依賴許多人的幫助，才能成長並獨立生存。人在成長以後，除了對別人的需要以外，潛意識中也會想成為別人的需要，成為別人

的關注。如果沒有任何人與事需要自己，就會出現生命中不能承受的輕的狀況，感覺不到自我的存在感。所以無論是互相非常喜歡或非常討厭，也會感到自己明確的存在。這種情況可以解釋到一種奇怪的共生依賴，明明另一方已經非常爛，又很多壞習慣，比如經常酗酒夜蒲，又或經常賭博。正常的反應是抗拒與責罵，甚至以不再理會對方為威脅。如果對方稍為改善，就很可能得到獎勵。如果對方繼續犯錯，都可以得到一次又一次的原諒。不願離開，也許心底的理由是這個人需要自己，這個人離不開自己，建立了一種奇怪的依存關係。可是問題終究得不到改善，人的慣性行為難以改變，結局總是離離合合以後走到某一個盡頭，只是兩個人也不知道要花多少時間才走到終點。然而真有一些人在此等狀況下竟然可以如此地走了一輩子，這應該不是痛並快樂著的過日子，而是痛得已經失去了痛的感覺的狀態下過日子。如果已有下一代，付出較多的一方就很可能把全部情感投放至下一代身上，而這種愛有的時候會因為過於強烈而令人透不過氣，甚至可以影響到下一代的獨立成長。

有些時候，一些從事較獨特的事業或小眾理想的個人，尤其是當身邊主要的親友都反對時，因為承受了高強度的壓力，他們最急需的就是尋找認同者，有時候甚至來者不拒。也有些情況，一位能力甚強而且工作強度極大的人，他最需要的可能是一位可靠的家庭的照顧者，而外表就不一定是最大重點。曾聽銀行界的朋友說頂尖科技業中高層如果是識於微時的伴侶普遍都比較樸素，不知是否與此有關。一個事業成功的女士，不

一定需要一個比她更有成就的人，反而需要一個更會照顧她情感需要的人，有更多時間可以關心她以至照顧家庭的人，反而不一定看重能力，收入與條件，這也是一種相互吸引力。如果你明白了世間存在這種引力關係，你可能會想明白為什麼一些條件看上去非常好的人物甚至名人，身邊的伴侶風評不佳，甚至出軌又出軌卻仍然在一起，至少名義上還是在一起。有時候引力是一種很奇怪的力量，不是外在客觀條件可以量化的。

兩人之間關係的建立，其實很在乎相互的需要，反而最初不一定是什麼外在物質條件。除非到了談婚論嫁的階段，物質與背景的重要性才重要起來，這是因為養育下一代需要大量的資源。即使個人不考慮客觀因素，家庭朋友中總會提及物質的重要性，這也很難避免。當然有一些關係一開始可以建立在偏向物質的基礎，但坦白一點說，如果沒有其他個人因素或情義配合，純粹以物質去維繫，在各取所需下最初的相處總是相當容易，相處日久就漸漸變得越來越困難的。因為物質的欲望是會不斷燃燒的，而且當你擁有一定的物質以後，就會需要不斷的升級去尋求新的滿足，車越換越豪華，房子越換越大，甚至要不斷開設近似只會賠本的生意去滿足其天馬行空的念頭，去彌補對方內心的空洞。以純物質維繫，有時會像負薪救火，薪不盡，火不滅。如果富者漸漸老去，失去了創造更多財富的價值，其物質伴侶思考的有可能只是想著富者早日離去，然後如何分配或者爭奪家產，這種關係是否有點可悲。

螺旋式情感投放

有一種更奇怪的情感引力源自於螺旋式情感投放。當你最初對一個人產生好感，開始千方百計接觸及討好對方，甚至出現完全不計較的付出。漸漸地，你會對付出的行為產生強烈的情人觸動，認為這就是純粹和最偉大的愛。也許是的，不問收穫只問付出是人的一種罕見行為，本來也不是什麼壞事。可是當你不斷自我沉醉於付出行為，感觸不斷加強，投放越來越大，甚至想一想承受的委屈與隱忍就禁不住流淚，你已經陷入了不能自拔的階段。當你進入了不可能不問結果的階段，內心必然是敏感和脆弱的，悲情的歌唱越聽越多，聽到為感情犧牲的對白或故事就雙眼通紅，只能在別人面前仍表現出堅強和無所謂。真正的無所謂應該是收放自如，並不害怕失去與失落的。生活中並不如意的人，會有更大機會有追尋刺激的傾向，這有助轉移自己對不如意事物的注意，所以有些人會沉迷各種虛疑世界的遊戲。間中的逃離並不是什麼壞事，就好像我們會去旅行轉轉心境一樣，但與現實世界出現越來越脫離狀態就不是什麼好事了。情感上的痛苦其實也是一種強烈刺激的感覺，有一些深陷其中的人會漸漸對這種刺激發展出成癮行為。有一些更嚴重的會出現被虐或自虐傾向，有更多時候不是出現物理上的傷害，而是出現在心理上的傷害。

當一個人陷入不斷自我加強付出與投入的漩渦，就好像賭徒在賭局中不斷加大注碼。而且把這包裝為愛的高尚付出，忘記了自己只是參與一場沒有勝算的賭局，也許因為縱使機會非常渺茫，過程也是非常緊張刺激，認為值得投入身心的全部去應戰。多數參與者的結局也就不言而喻，然而受傷害的人可能仍以為這才是愛，其實內心中的偏執才是根源。當局者迷，你未入局中之前才能認識到內心的圈套，一旦深陷其中，並不易能解脫出來。擁有良好互動的愛情，應該是一加一大於二，而且雙方生活都一起變好，而不是以一個人的徹底犧牲去成就另一個人，把愛建築在另一人的痛苦之上。或者只有單向的付出而沒有正回饋，都是沒有可能達至雙向正回饋的。

有一些人追求的是一生一遇的情感火花，然後火花消退了就移情追求下一場的煙火大會。有一些人只追求細水長流，互相扶持白頭到老，這跟家境是否富裕或學歷成就等無關，跟成長經歷與個人處世態度有關。不同的愛情關係，有不同的追求自然是正常不過。其實兩個人能好好的在一起過日子，就已經夠好了。太多的條件，太多的比較，往往只會帶來痛苦。一百種人就有一百種生活方式，這沒有高低之分，只有合不合適而已。外人永遠無法參透別人生活中的立體生活狀態，是是非非，撲朔迷離，君不見多少昨天互相漫罵對方的情侶，沒過兩天又再次快樂復合。有一些昨天還在曬幸福的，沒過多久就宣布分開了。

如果愛情如此不可觸摸，那麼不愛不是最佳的自我保護嗎？不愛也是一種人生的選擇，只是你看到的世界可能缺失了很多色彩。這不是指光學上的色彩，而是單憑肉眼看不見很多事物的本質，只有用上心靈之眼才能觀察到世間中更廣泛的色彩。這需要我們向前走，走出自己的自我立地為界的舒適圈子，勇敢地去追求所愛。

我們不能迫使別人也喜愛自己，但在尋找愛的過程，你會找到看到很多以往看不到，感知不到的色彩與感覺，與不同的地方，與不同的事物，產生了沒有想像過的情感連繫。生命中的曾經相遇，就已經是意義所在。只要不被情感的引力完全支配，能保有個人的自尊及自重，不被不明所以的引力拉向自我下沉的深淵就可以了。就算最終沒有開花結果，相遇過，有過美好的情感的接觸，為生活加上了甜酸苦辣各種味道，也就是意義所在，這也是值得的。愛情，是許多人生命中一道濃厚的色彩。有時候，一些過去的情感被塵封在心底，偶爾帶著意識走到那裡看一下，仍是感受到觸動與回味的。只是正如看電影時遇上的觸動一樣，出了電影院，還一定要清晰前面真實的道路，懂得邁步向前走，而不是被困在電影的情節之中，不能自拔。

每個人都是獨立的個體

每一代人都是獨立的個體，很多人一生的實踐就是想避免走上一輩失敗的道路，但也有不少人受到影響而變得消極，這種相關性是客觀地存在的。不少人的婚戀觀念其實很易受到上一代人的真實婚戀狀態的影響，如果家庭的生活非常不幸福，父母關係疏離經常吵架，下一代對婚姻及家庭生活的期待就會大打折扣。

我只想提醒新一代的人，必須清楚知道人生的決定權在自己手中，自己是獨立的個體。父母一輩的生活狀況好當然是好事，即使不盡如意，自己怎樣跟伴侶相處及生活很大程度是你自己可以決定的事，請走出自己的路，過自己的人生。

父母對感情事宜的最佳指導方式，是平日的言傳身教，令子女建立起健全的人格以及婚戀價值觀，去追尋屬於自己的感情。至於子女是否認同，就不由父母可以決定。而且必須要提醒，父母的觀點也不一定是正確的，尤其是時代不斷改變，是否合適的因素也不斷改變。有時候，父母對情感事宜作出提醒無可厚非，關心往往比指導更易被接受，有時亦要看效果留意適可而止。如果子女遇上一些感情困境，亦可考慮採用醫學上支援性治療的類似方式去提供協助。比如某些情況下必須靠病人自我修復才能好起來，而治療本身並不是直接解決疾病，而是支持病人自身能更快的復原以達治療效果。這種處理方式對家長協助子女處理情感問題而言，也是一個很好的幫助方向。

當身邊好友情感出現疑難與問題時，作為朋友者在有需要時作出支援，比如陪伴散心，少作一點帶有情緒的評論及發表片面的意見，也是一種處世智慧。因為世事無常，尤其適用在那些已建立了長期關係的伴侶，明明互相指罵看似不共戴天，劇情隨時峰迴路轉，轉個頭他們什麼時候突然復合，又再成雙成對，那時候你之前當過的角色就變得非常尷尬了。

幸福是要爭取的

當我們漸漸長大成人，對多數人而言，尋找伴侶最終成家也是人生的重大事項。不過今天的有趣現象是，離婚與再婚的人數比例不斷上升，不婚的人數也不斷上升，這是全球普遍性的現象。

有一些人認為緣分是天上掉下來的，我什麼都不做就可以得到了，感覺就是上天會自動掉下餡餅來，你只需要伸手接住。也許此等劇情在少數人身上能發生，卻無法在大多數人之間上演。韓劇裡面很多主角都是失散富二代可以突然變得富貴，又或許只是非常普通的路人突然就遇上王子與公主。如果故事中的王子或公主的角色換成了炸雞店經營者，相遇的兩個人累死累活只夠支付生活開支，這種更真實的人生境況卻再也沒有什麼戲劇性了。

對大多數的人而言，緣分是不會自來的，必須要主動爭取。打鐵還須自身硬，先天的因素及家庭資源有時難以改變，後天的努力卻可以大幅度提升個人的綜合素質，提升自己遇上緣分的可能。要知道緣與分是兩個概念，有緣是指相遇的偶然，分卻是指產生互相吸引影響的條件。有緣無分，就是指純粹只有相遇的緣還不足以令兩個人有機會走在一起。那麼我們

怎樣去提升自己的緣分，這不是過年時家中放些桃花就可以的，單純努力學習與工作還不夠的。長大以後你必須要學會與人結緣，我有一位讀生物的同學曾說他每天的生活除了吃飯睡覺就是跟實驗室的細菌混在一起，生活完全封閉，個人就變成了絕緣體。後來他想通了，在工作時間努力工作，閒暇時間多參與活動，不久就開始有緣分的到來。努力工作學習當然是好事，也是建立緣分基礎的重要準備。只是純粹努力工作而完全忽略生活中的色彩與人絕緣就不是什麼好事了，這種情況靠相親也不易遇到對得上眼的情況，多數只能出現差異配對或無法配對的情況。

很多人小時候長輩都會說只要努力讀書，將來自然要什麼有什麼，想要的對象自然走上門來。也許不少朋友小時候信以為真，當我們長大才有足夠的閱歷去判斷這種想法的真實性。在成長過程中，我們除了努力學習，努力工作，也不要忘了努力地好好經營生活。讀書學習，也要講求平衡。你有沒有看過那些完全埋首在書堆或研究中的人，總有一種難以溝通的氣場。

書呆子式的學霸除了學術世界中的議題，對其他的生活，品嘗美食，旅行娛樂之類的總是興趣一般。專注對產生工作或學術成就是有利的，但完全忽略生活也是一種生命的缺失。吃只求果腹，生活上毫無樂趣，錢只賺不花，這種氣場最能吸引到的當然是生命中缺乏資源的對象。因為一般有綜合條件的對象很重視生活中各方面的交流，家庭的時光，旅遊與享受食物，不一定是豪華的消費，而是重視相互可以分享生活中的快樂與點滴，思想交流暢通，生活中富有趣味。這跟你埋首去研究無關，很多有成就的老一輩教授或創作者找到能為家庭隱忍的伴侶，可以在很少感情交流需要下為家庭默默承擔，令教授或創作者可以專注自己的工作，這也是一種適合的結合。可是新的世代還有多少甘願隱忍的伴侶可以找到，熱愛讀書，埋首研究是一件很好的事，不過不要完全忽略生活中的其他方面，如果你不想成了孤家寡人，就要懂得平衡之道。要找到有趣的靈魂之前，自己必先須要變得有趣！

其實找對象時不太存在什麼學歷崇拜，因為跟你過日子的是一個人而不是一張文憑。如果純粹努力賺錢，只以資源與物質吸引對方彌補自身吸引力的缺失，只能吸引到拜金的對象。現實中更理想的對象往往更重視性格與生活的互補，而不是純物質的比較。物質及硬條件是重要，但個人性格趣味生活習慣也不可忽略。而且要努力結善緣，擴闊社交圈子，不要介意失敗，能從錯誤中吸收經驗，就更能懂適合自己的對象是什麼類型。

有很多人就是因為怕失敗而痛失一些緣分，勇敢一點，向前一步，相處時保留自我尊嚴及底線，即使失敗也能坦然面對了。有一些觀點認為如果找不到一個欣賞自己的美好，而且條件又達不到心中理想，就不要委屈自己去接受。這種觀點本身毫無問題，不合適的就是不合適。但如果以此作為一種理由去把自己的青春與時間浪費，把可能的機緣都去埋沒，又是否合適？因為懦弱不敢踏出第一步而錯失一段緣分引起的長期痛苦，很可能會超過失敗帶來的負面影響。認為是對的事或許有可能是對的，就勇敢的向前多走一步，先增加了解再作決定比拒所有人於千里更易遇上那個合適的人。沒有人可以預知結果好壞，只要我們無悔自己的選擇就可以了。也許在尋求的過程中要先走上一點彎路，而這時你的性格中一些會傷及他人的稜角可能會被磨平，你會變得更易相處，更好地把握未來的緣分，強調任性與有性格其實很多時只是拒絕成長。

性格因素有部分是天生而來的，即使自己也難以完全改變，但這並不代表我們看事物的觀點與行事方式會被性格支配，我們不可以忽略後天因素對個人性格的塑造能力。換句話說，後天因素，尤其日常生活的行為習慣，最終亦會影響我們的大腦運作，亦會影響到性格與態度。這是腦神經科學的人與行為的互動影響的觀點，如果性格及想法是永久固定不變，臨床心理學在廣泛應用的行為治療就不可能被科學實證認為有效用。事實勝於雄辯，不要用性格因素就把自己重重封閉。相處能力與生活習慣後天上是可以明顯改善的，這很視乎你有沒有決心向前走一步。這時真正的緣分或許就在下一個轉角，而這一次你終於可以牢牢的抓緊了。

坦白一點說，很多人身邊的伴侶與年輕時幻想的對象條件落差巨大，我們會在成長中慢慢地把預期拉近到現實的情況，放棄及減省一些不切實際的要求，也沒有太多預先設定的條條框框，亦不用跟其他人比較，好與不好如人飲水冷暖自知。不要被一些愛情婚姻的毒雞湯書影響，認為一定要做到什麼才算是好的婚姻，生活中有點趣味就可以了，這麼多的比較標準累不累人，那個作者估計不是已離婚或單身就是在離婚的路上。

也許是我孤陋寡聞，從小到大接觸了數量不少的家庭，除了編作的虛構故事或只與對方有片面的認知以外，當你深入一個家庭之中，家家有本難唸的經，從來沒有見識過什麼完美的婚姻關係。即使那些非常富裕的家庭也有各種不如意，有時甚至比普通人家有更多的煩惱，因為太多的資源是一種吸引力，會同時吸引好與壞的因素過來。努力爭取的緣分，如能開花結果，兩人能好好相處一起過日子就已經不錯了，其他一切額外的只是錦上添花。

愛情的得與失

愛情是具有強烈排他性的一種關係，開放式關係也可以有愛情。但缺乏排他性的開放式關係，只能在你能提供好處時得以維持，在你失去好處及價值的時候煙消雲散。當你貧困，生病，痛苦，人老色衰之時，又或老眼昏花之時，沒有建立起一段排他性的長期關係，就很難找到一個人在此等情況下心甘提供照顧，不離不棄繼續陪伴。

現在社會的速食文化盛行，用一些平台就很易結識到可以聊天的對象，如果條件不太差，天天都可以找到新的嘗試，感覺就是發現自己原來這麼受到歡迎。問題是，你必須要明白那些對你有興趣的對象，同時對大量的對象感到興趣，其實大家都是漁翁撒網。更甚者有一些以交友為名，推銷甚至有騙財的目的。最令人估計不到的，對素未謀面的對象付上大額錢財的受害者，不乏受良好教育的企業中高層，你大概會明白這世界有許多物質生活豐富內心卻如此寂寞的心靈，甘心上鉤，也許只是為了得到一個關心自己的人。

有一句流行語是夜場無真愛，這是一種觀察而來的描述，當然人們可以很輕易找到反例。其實交友平台與夜場，也是速食配對的方式，本質上相近，只是交友平台的群體可能更闊，遇上非速食對象的可能性也許高一點。速食，本質上是解決寂寞的快速手段，因為很易就會建立起溝通與關係，而這種關係最初並沒有排他性的，所以多數人會多多益善的建立更多。如果把時間的軸拉長，很易會觀察到那些最初噓寒問暖的對象，在約會數次，甚至建立短期關係以後很快又再次消失了。如果理解到速食的本質是速來速去，雙方都不用付上太多的責任，而且投入的感情有限，不會沉船式陷入任何關係之中，自然可以快速抽離。無論以任何方式交友，本質上都是希望自己能有更多的機會，擴闊圈子，動機上不是什麼壞事，而平台或場地平身只是提供機會，也沒有好與不好之分。最關鍵的，是你有沒有帶眼識人，如果你也是為了速食，自然是求仁得仁，如果你是真心想建立長遠關係，你就必須要用上時間去認識對方，不只去觀察對方的衣著與外表，更重要的是人品與價值觀是否能跟自己長久相處。你有沒有能認識到對方的成長及家庭背景，你有沒有漸漸地走入了對方的家庭及朋友圈子，這就是建立速食與長期關係的行為差異。信任必須要時間建立，不要太急進，但如果觀察到對方只是把你當作備胎，或是一個可有可無的普通路人，你就不要過度用心，盡早離開。

有沒觀察到一些明星人物，著名藝術家或作家，多是處於單身的狀態，或者沒法建立一段長期關係。明明粉絲眾多萬人愛戴，理應有很多機會才是。這是因為對他們來說，為了一段愛情放棄全世界的機會實在太難，壓抑本性也太痛苦了，走馬燈似的緣分更合適他們的意願。而且其粉絲往往也是短期陷入狂熱，如果走向了長期生活的狀態，要付上大量的精神心力與責任，而且要忍耐並接受很多自己不喜歡的人與事，不一定有很多人能做到。如果能找到完全能包容自己的人，就可能願意給予一個長期的位置，當然對方要接受那些難以忍受的偏好與缺點。在當今之社會遇上千依百順的對象，較大可能是遇到了以純粹金錢為目的人選。這樣想想，就很易明白他們為什麼比較容易長期處於單身狀態，因為沒什麼合乎條件的人可以接受這樣的相處模式，短暫情緣則另作別論。大家觀察一下那些曾經叱吒風雲的天皇巨星最終結婚並能長期維繫婚姻的對象，往往是公眾意想不到的普通人，而那些對象往往有低調與以家庭為優先的特點，這是一種相對合適的配對。

建立終身排他性的關係，需要放棄森林中的其他選擇，對某些性格的人而言損失可能比得益大，自然不甘心為了一棵樹放棄一座森林了。所以有時單著一會就慢慢會變成持久單著，一個人繼續過日子也不錯的。如果你想收穫一段長久的關係，必須明白到有失才有得。如果你找到一位能長期為了你放棄整座森林的人，請好好珍惜。

妥協的藝術

妥協這個詞對年輕朋友而言應該是相當負面的，感覺只有弱者或沒有個性者才會妥協，然而懂得適當地妥協其實是生活的大智慧。沒有人能單靠一個人永久延存，我們的祖先必須要與其他人在一起才能生存並繁衍，否則人類早已滅絕。而生存的一個關鍵技能是懂得妥協，我們要學會與別人相處，就不能把自己的意見視為唯一的意見，要別人磨合調和。在個人主義盛行的今天，很多人會強調自我，把自我的意見與觀點和神性不可侵犯的自由主義掛鉤，把自己的觀點與生活態度推至神聖的地位，不會為任何人作出任何改變，我行我素，視為真理。

在當今的社會，只要行為沒有觸犯法律，很多事情並沒有什麼約束。你選擇自我優先是個人選擇，不理會身邊人的感受，不思考報答父母等幫助自己的人的恩情，把別人對自己的好視為理所當然，把別人對自己的善意批評視為罪大惡極，把自己封閉在狹小的自我世界，也沒有什麼人會直接批評。換句話說，亦沒有什麼人願意明知不可能而為之去提點你嘗試換一個角度思考。

有些朋友工作永遠做不長，理由是這份工作不適合我。一年，二年，工作轉了又轉，十年仍未找到一份長工。是工作不適合你，還是你的心態不適合工作。如果你不作調整，認為我就是這樣，不可以改變的，你就會永遠停留在一個階段，無法把握未來的任何機會。心中的天生放縱愛自由的想法，在青少年階段也許很普遍，但成年以後仍停留在這一階段，就是選擇停止成長。因為你的自我在限制你的個人發展，而你從未察覺這是一個問題。在團隊中，在群體中合作必須要懂得妥協。

你可以一個人背上一個背包浪跡天涯，住世界各地各種有趣旅舍。晚上酒吧一瓶啤酒高歌狂歡，結識大量萍水相逢的人，把酒談歡，不亦樂乎。因為這些人聚在這一個空間都不需要妥協，大家都只是一個近在天邊的陌路人，沒有利益瓜葛，也不需要合作與承擔任務的責任，自然能歡天喜地的交流。然後第二日天亮了，各散東西，網上互相關注，然後就沒有然後了。其實很多時長期浪跡天涯的朋友，尤其喜愛極限挑戰，都是在逃避一些現實生活中難以解決的事情，可能是一些不如意的成長經歷，或者一些不如意的家庭與人際關係。可是一旦走出極地，完成了一次高難度的探險，返回了現實之中很可能是萬般不適應。心中的想法只會是怎樣盡快累積夠旅費，計劃下下一次的旅程。卻很難把自己的身與心安定在一個地方，因為只有不斷挑戰，才能引起一點的關注，才能短暫拋下現實的束縛，這樣的心靈究竟算是自由還是不自由，視乎你用了什麼觀點，也視乎旅程以外的人生軌跡，沒有人能說得準。

大家在學生階段應該有很多人跟同學有一起做專題的經歷，有沒有因為分工及承擔問題出現爭執甚至反目，有一些人

可以一人做了幾人的工作，然後內心積起了巨大的不滿。當人生需要承擔任務並付出努力時，單靠自由與自覺也能成事者，就必須要有高標準的合作夥伴。然而與不能完全單靠自覺就能好好合作的普通人一起共事，建立原則及學會妥協就是需要建立合適的相處原則及學會適度妥協，過多的妥協就會被別人視為理所當然，得寸進尺。太少的妥協卻會引起難以合作調和的矛盾，要麼重組團隊，要麼團隊一事無成。而原則就是做人的底線，這是最後而不能改變的東西，比如食品企業絕不用對客戶有害的原料，這是不能妥協的原則。但原則以外，如何妥協就是一種沒有標準答案的藝術了。

學妥協最高難度的地方是沒有既定標準。人類社會的延存需要大量的妥協存在，最簡單兩夫妻一起生活，除了新婚不久也許未出現更多矛盾，能長期不產生矛盾衝突的除了天各一方各自生活的夫妻，其他的很可能是在說謊。家務誰多誰少，節假日的安排，跟雙方親友的見面聚會，旅遊的行程與目的地，喜歡與不喜歡的事有時也需要做。你品嘗到的兩個人在一起的甜味時，也同時要吃下酸味苦味。相處妥協得好，甜味大於苦味，相處困難，隨時間及新鮮感退去，苦味就會蓋過甜味。

所以什麼跟心中的男神，女神一起生活就幸福快樂只存在於幻想之中，因為長時間的生活會把你的一切美好幻想拉回現實。只是世間大多家庭也是在這種妥協平衡之中存活，兩個人的相處之中同時有妥協與原則的存在，只要生活上兩個人都有妥協。有時吵吵鬧鬧就一輩子了，其實過日子也沒有多大的難度。

如果只有一人願意妥協，就要看妥協的人可以讓步的空間，及另外一人會否得寸進尺，因為人的容忍永遠有極限，不要不斷測試別人的底線。如果兩個人都不會妥協，這只是看兩個人有多快分道揚鑣。美國總統川普與前任太太伊萬卡都是不太喜歡妥協的人，當兩個人都處於強勢，分開自然是很正常的事，即使他多有錢也不足以維繫。世界首富創立亞馬遜的貝索斯的離婚事件也十分轟動，有時候涉及個人原則的問題，即使金錢再多也不一定能換來對方妥協。股神巴菲特的原配夫人在子女都成長以後也下堂求去。你應該理解到，金錢與成功的光環並不足以維繫一段關係，關心與陪伴其實是不可或缺，這條件看似很簡單，但要長期做到，就絕不容易了。

青年朋友不需要也不大可能立即學會妥協的藝術。許多人年輕時都很羨慕那些浪跡天涯的人，看看一些講述浪跡天涯類的書可以銷量百萬本以上就知道了。如果你當作瞭解一種生活狀況去看看當然無傷大雅，不過有時連那些書的作者也會善意的提醒你，如果視浪跡天涯為人生追求目標對多數人而言就不太合適了。我研究過很多作家以及藝術家的生平，發現在那些名作的背後，有著很多令人羨慕不起來的真實人生。很多人終其一生遇到了各式各樣的人，卻始終也找不到一位可以終生陪伴的伴侶。有些人結了又離，離了又結。有些人結婚後對家庭對孩子不聞不問，埋首自己的創作，家庭分崩離析，子女成長後誤入歧途的並不罕見，因為子女成長中缺少了指引和陪伴，以自由教育之名推卸教育的責任。而且即使你真心熱愛這種生活，在同輩中產生了一定的影響力，當同輩人成長以後就漸漸失去關注，因為同輩的人已經成長至另一階段，關心的都是更實在的事實，你需要與新一代的自由生活偶像爭取年輕受眾關注，變成了天涯大叔大伯嘗試對戰流浪小鮮肉。

這種名義上絕不妥協的生活軌跡，並不適合絕大多數的青年朋友。其實每個人都是獨一無二，就算是雙生子女也有不同的成長軌跡。然而成長過程中我們除了漸漸形成了自己的個性，也同時須要學會與人相處及妥協的智慧，令自己可以成為家庭，工作，機構的一分子，能在人生旅途中結下各種果子，而不是到處流連後獲得了毫無真實影響的關注，真實生活卻仍是手空空無一物的人生過客，把作秀的社交帳號一關了就好像沒有活過一樣，難道你可以一輩子在過虛擬人生嗎？合理的妥協不是簡單的讓步，而是為了成長與進化作出的選擇，為的是走更遠的路，結出更多的果子。

情感的適當距離

要長期維繫一段感情並不容易，甚至比起當初建立情感關係更困難，因為環境及個人狀態長期不斷在變化。兩個人可以由任何因素而在一起，可是一旦建立了家庭，就需要分工，也需要找到動態的平衡。所以大家看到不少名人辦了豪華的婚禮，受各方的祝福，卻過了沒多久就分開了。名人或富裕不是問題，豪華婚禮也不是問題。兩個沒有互相依靠需要的人，一言不合，自然的就變成了好聚好散了。

相處之道，尤其是家庭的維繫，需要兩個人自覺地一起去分擔，而且雙方都能真誠的關心對方，能互相支持並適切地承擔在家庭中的角色與責任。如果兩人無法協調互補，矛盾就會不斷累積。比如把所有育兒及維繫家庭的角色由一個人負擔，又或者把所有經濟壓力背在一個人身上，如果對方有能力擔起重擔，倒也不一定會出現問題。但是人生總是不斷遇上變化與衝擊，比如照顧小孩的一方本身在身處社區中得不到什麼支援，平日尚可應付有餘，可是遇上身體不適或有急事要處理，家庭之中也沒有人力與資源可以協調，就有可能會出現幼兒缺乏照顧的狀態，令主要照顧者感到焦慮與無助。

千萬不要把對方的隱忍視為理所當然，這不是金錢與地位

可以解決的問題。再多的錢也不能替代父親或母親在親子活動與成長過程的角色。忽視自己的角色與責任，尤其是對方最脆弱無助之時，這就會劃下一道又一道的傷痕。就算平日兩人都有明確的分工與角色，你必須要令對方知道萬一有什麼情況也有人在背後支援，這種感覺非常重要。孤獨而且身心俱疲的一方，很易陷入無助與孤立之中。這不只會影響到雙方的關係，更會影響到新一代的成長，請不要輕輕的說一句誰不是這樣過日子，有時候需要切身處地考慮一下對方的感受，不要到了難以修補時才想明白，又或者想明白了卻沒有任何改變，要理解到每一個人都有其極限承受能力。

在情感關係中付出太少的愛與關心明顯不妥，可是愛與關心並不是越多越烈越好，而是要找到一個最適當的距離。這一距離因人而異因地而異，並沒有標準，而且不只用於愛情，也適用於親情。情感的適當的距離，會在一生之中不斷變化。人在出生以後，最親近的很自然是父母，母親的哺乳，是母嬰之間最親密的距離。嬰兒要從父母身上取得安全感，有些情況是母親離開一會嬰兒就會因為不安全感而嚎哭。然而孩子總會一天又一天的成長，慢慢會變得獨立，慢慢會想保有自己的個人空間，與父母形成自然的距離，這是自然而然的事，多數的家長也會漸漸適應，不斷調整。直至子女成家立室後，有可能因為孫輩的出生，而再次拉近了兩代人的距離。當然情況是因人而異，因家庭而異，比如有些文化偏向成年後各自過自己的生活，而且現代的不婚家庭也越來越多。在假定沒有新的因素變化出現的情況下，大多數父母會在子女成年後與子女保持相較孩童期較遠的距離，這不代表父母的關愛減少，而是關愛轉化成了子女能夠自立成材的期盼與支持。如果父母與子女的距離在成長後保持不變，或者企圖保持不變會產生什麼影響，要麼子女永遠無法獨立，要麼扭曲了子女的人生，影響其婚姻以及家庭關係。是好是壞，仁者見仁，智者見智。

過多的親情，有時候反而有礙成長，尤其在子女成年後仍處處在想替子女做決定，或提供飽食無憂終身保護，解除了孩子必須要成長歷練，過上溫室人生，成年後仍依賴父母提供資源為生的啃老行為成了一種社會的現象。最誇張的一位被媒體稱為納豆仙人的日本長者，人生到了七十多歲都沒有怎樣參與過工作，一生中只有兩年曾經參與過工作就過上了啃老的日子了，很自然地沒有對象也沒有結婚，獨居在一間垃圾堆積如山的房子。他在父母過世後仍靠他們在代代木的房子及一大筆的遺產過活，他卻對物質上沒有太多的追求，每天只吃便宜的納豆維生，偶爾吃一點洋蔥配飯，除了外出買食物，幾乎與世隔絕，被日本媒體稱為納豆仙人。納豆仙人稱自己沒有目標，也沒有夢想，還說如果遺產用完後他已經沒有生存的意義。他的房子垃圾堆積如山，由於日本棄置垃圾是需要分類及徵費的，訪問他的媒體最終善心地花了相當的一筆金錢助他清掉那些垃圾。生命的長與短只是在漫無目的生存，由年輕時代開始已經廢掉並喪失了生命力的人生，這是多麼可悲的狀態。

父母的過強的保護，有時會令孩子失去獨立生存的能力，為子女建立的財富與被動收入的堡壘，以為子女的幸福萬無一

失，卻可能親手毀滅了孩子的一生幸福。天下間父母以物質為孩子設立再強的保護與城堡也沒有用的。既然工作與生活之中得不到刺激，自然會追尋其他方面的享受與刺激。天天不務正業，賭博飛車，追尋刺激花天酒地，再多的家業與錢也只會加速個人腐朽的速度。父母必須意識到單純的金錢不可能成為保護子女生活無憂的堡壘，只有人的本質才是城，人的本身才是牆，沒有品格及承載能力的培養，外部築再高的城牆也可以輕易從內部垮掉。

啃老率先在日本成為一個現象，與社會變遷有很大關係。戰後出生，在日本稱為團塊世代的人群，在日本經濟高速發展時工作非常努力，經常加班加點，把工作看得比家庭更重，往往忽略了對家庭的照顧，尤其對子女成長的指導，只在物質方面滿足。如果孩子天性勤奮，獲得了資源好好發展，當然是好。如果孩子沒能用心，得過且過，父母卻縱容其惰性，慢慢地，孩子就會嚴失奮鬥之心，只求在父母的資源保護下過上動漫與遊戲的小日子，變成了足不出戶的御宅族，長大後沒法在社會立足，再演變成啃老族，在父母離開後成了窮困的無緣老者。

溺愛，往往是家庭悲劇的源頭。愛的深度，不在於物質的豐厚與否，只在乎是設身處地為你愛的人設想，什麼才是對他最好的培養及安排，而不是把你深愛的子女一直留在身邊，或提供他們生活所需的一切，給予物質富足的生活，安排最豪華的派對就是愛。更有甚者，有些家長甚至不斷介入子女的婚姻，令代際矛盾變得不可調和，一旦你對子女的愛去到了排他性的程度，你對有另一人搶走你在兒女心中的地位感到非常痛苦。你必須要理解到，人的一生之中，愛的分量只能越分越薄，一個的身分會越來越多，你卻永遠沒有可能一直在子女身邊扮演守護天使，將來才會有更多你所愛的人出現，比如得到孫子女的愛戴與尊重。有時應該思考一下，怎樣的處理才能皆大歡喜，尋找到能互相取暖卻不會互相傷害的距離，才是最適度的距離。

平衡

不懂平衡
就會走向極端
不可持續
自然而然走得不遠

欲望與需要

人要生存，基本的食物，要有可以安身居住的地方，都是最基本的需要。在滿足基本個體生存以外，兩千多年前孔子就說了，飲食男女，人之大欲存焉。而跟孟子同時代的思想家告子，提出「食色，性也」的觀點也許是更直白的描述。基本欲望涉及個體生活，以及一個社會群體總體生存。缺乏了欲望，比如食欲，個體就會生病。社會缺乏欲望，整個群體都會出現衰亡。欲望其實是推動社會經濟，以至醫學與各種科學技術發展的重要推力。如果人類失去所有欲望，對什麼事情也覺得無所謂，健康與疾病，快樂與痛苦，飽食與飢餓都覺得無所謂，人類很可能早已滅絕，世間的一切事物與社會就不可能進步與發展了。所以欲望不應該是負面的詞，欲望可以轉化成各種的動力，只有過度的欲望才是負面，因為過猶不及，所以縱欲過度或任由欲望支配了就不是什麼好事了。

人總有很多有形與無形的欲望想被滿足，比如由吃得飽變成了吃得精，吃得爽，甚至以食物檔次影響社會地位與觀感，比如近年熱話的櫻桃自由，連是否吃得起較昂貴的水果也可以把人區分，住的地方大小區位自然是在比較之列。即使基本須要被滿足，其實擁有更多物質與情感的欲望也是很自然的，正向的欲望可以使我們更加努力奮鬥去把自己的生活變得更精

彩。低欲望的社會，其實動機與奮鬥精神同時會被扼殺。如果你什麼都不去追求，也不會有什麼想努力的地方，生活得過且過，美其名是無欲無求，實質很可能是想放棄奮鬥的藉口。當然反過來說被欲望支配就不是什麼好事，因為你的心靈就會變得不再自由，整天想著不受自己控制的事物，甚至可能終身奔波其中。掌握欲望與動機的取捨和平衡就是人生重要大智慧了。

人性中最原始的欲望就像野草一樣，春風吹又生。個人需要學會如何在當前的環境下，在有限資源及儘量不影響他人的情況下進行排解與疏導，或以一些興趣去影響注意力與欲望，比如參與一些運動去間接釋放過大的壓力。有一些人被稱為聖人者，據說不再為欲望所絆，心靈得到大自由。可是有血有肉身為凡夫俗子的我們，處於真實紛煩的世界，又有多少人可以不為所動，完全不受物質及內心情感與欲望的影響。做不到，才是正常人，不用自我責備。只是我們必須要更清晰的認識自己內心的深層次想法，去疏導去釋放，而不是純粹的去規避和壓抑。

除了在物質方面，在情感方面人們往往也需要愛與被愛，有產生成就並被認同的需要。欲望是人性之根本，想擁有更多物質的生活也是普遍性的，潛意識下被壓抑的欲望並不會消失。因為欲望壓抑只能達到表面效果，就好像用厚布掩飾烤爐中的火，內心深層的火焰仍在燃燒，反而你認清火焰的存在，把裡面的燃料減少一點，內心的躁動不安就會減少一點，自然會過得更自在。學會跟欲望相處是人生一門重要的必修課，千萬不要視而不見。

說自己不會受欲望誘惑的人要麼是高估了自己的個人意志，要麼就是在說謊，有時候自己騙自己的比例也不少。這種情況下只要真正的誘惑出現，那些人卻不一定有什麼抵抗力，有時候相信自己有定力就是給予自己犯錯的機會，也有時候是自欺欺人地在掩飾內心中真正的企圖。所以說自己經常去夜場也不會出軌的人也許是最易出軌的。反而清晰理解自己深層人性的人，才會真正進行規避，而不是任由自己接受沒有勝算的試練。當然我們無意對別人的生活作指點，只是要認清自己內心的真實想法有時並不容易。

過度的壓抑通常都會引起反抗，比如一位經常被母親壓迫的女兒，從小被要求必定要考上什麼大學的什麼學系的規劃人生。女兒小時候看上去是言聽計從，學業成績名列前茅。一旦進入青春期反叛狀態後，就開始暗地裡不再把老媽的指導視為聖旨。在考大學期間把結交的男朋友帶上家中互相認識，此時棒打小情侶只會令考試成績崩潰，令母親毫無招架之力，只能接受並忍氣吞聲。

所以更精明的母親不只會壓迫，也會用上關心與建議，在大原則上作明確指導，在不同議題項目上給予彈性，令兩代之間的溝通管道保持暢通，比明知不可能而為之的長期施壓往往更有效果，因為隨兒女漸長推力的影響不一定有效的。有一些

人也會善用內心的欲望去推動自己進步，比如提升自我能力去追求目標的對象，無論最終兩人有沒在一起，過程中個人提升的獲益卻是確定的，適當的利用欲望，而不是被欲望支配，是非常重要的生活智慧。

破除必須的焦慮

你有沒有聽過很多人生中必定要做的事，比如一生必到的多少個景點，三十歲，四十歲前必要做的幾多件事等，又比如旅遊時沒有吃過什麼餐廳與食物就等於沒有到過某地，甚至有沒經過檢視的人生不值得過的說法。這些觀點總會令人感到焦慮，卻對生活不一定有益，甚至充滿危害。本來好端端的享受旅遊變成了必須要到某地打卡拍照，以證明自己做到了某項大眾目標或者完成旅行任務，其實大大影響旅行的暢快感覺，旅行的目的變成了獲得更多點讚，而不是享受旅程的本身。很多人的一生中不斷花上了大量時間與心力去證明自己，比如拚命去工作，拚命去賺錢，拚命去換大房子，追逐新款手袋與名車，以外在的物質生活水平去證明自己是成功者，至少證明自己不落後於人。即使物質條件有限的人群，有些人也會選擇拚命去窮遊，拚命去以各種媒體引起關注，又或者拚命在虛擬的遊戲世界中獲得認同，其動機跟炫富行為是相似的，證明自己是許多人內心中的深層追求。

其實更多時候，耗盡心神才建立的關注與名譽，本質上跟在沙灘上挖了個洞或堆個小沙堡差不多，看上去像做了些什麼，一個漲潮過後就什麼都看不見，更不會有人提起。一個再高的職位，還不是人走茶涼，再威風的行業明星，還不是江山

自有才人出，一代新人勝舊人。即使工作並不是趣味所在，我們需要為獲取必要的生活資源而工作，但我們不需要為了證明自己而生活，把生活的意義與外在的成就過度捆縛，因為各種必須而感到焦慮，迷失了自己內心的方向。

如果人生是一場旅行，你會否因為一些必定要做的事，比如買到什麼樣的房子，累積多少財富，而錯失沿途的風景。人生難道就是為了完成大眾定義任務而活著？比如要存到多少錢買房買車，需要多少錢才夠退休，出外旅遊不是為了享受，而是為了完成旅行任務免被同輩笑不懂旅遊只是白去。似乎我們有無盡的焦慮要解決，這樣的生活不累嗎？如果不想這樣，就要想明白自己真正重要的事，不會輕易被外在的意見與批評影響。基本的物質需要的雖然無法躲避，不過日子卻是自己過的，表面裝得生活過得多好，其實如人飲水冷暖自知，日子能過得下去舒心就好了。

換一個角度去看，其實世俗的人生目標是否達到並不重要，而且也沒有什麼歲數必須要達到的物質目標，否則就成了敗者的枷鎖。人到中年，總有一些人財富滿滿，有另一些人仍在苦苦掙扎，見步行步。如果達到了富裕而你又感到快樂當然並不壞，如果達不到目標，你更天天自怨後悔，日常生活都提不起勁，不是更壞嗎？會接受，並著眼於自己仍能改變的東西才是生活的真諦。未思考過未經檢定過的人生仍是真實的人生，到達某一地方就是真的到過了，這是不能被否定的，被否定的只是你心中的自我認同。

你的人生不是為了解除被否定的焦慮而活，不要被別人定義你的生活，到多大歲數就必須要達到什麼目標。能夠找到自己喜歡並能投入的事全力去做，就已經是很幸福的狀態了。人生其實只有一個終點，終點會把你一生的一切外部積累清零，還有誰會理會你有沒到過什麼人生必到景點打卡到此一遊，還有誰會看到你曾經堆起來的沙堡，達不到什麼目標沒有什麼好焦慮。真正重要的是你如何去過這一生，那些一步又一步走下去的經歷，就是真正的意義所在。即使你不一定有什麼成就，也沒有累積到什麼財富與名聲，只要曾經努力地活過，人生就沒有什麼好遺憾的了。懂得破除必要的焦慮，才可以自在的過人生。

困難與可能性

每一個人出生以後都有不同的資源品賦，有內在的也有外在的差異，這種差異是必然存在的。對於最廣大的人群而言，可用資源少往往不是大的問題，沒有資源就努力去創造。最可怕的是絕望，而且由絕望引起的徹底放棄。連你自己都不想自救，認為我就該如是，還有誰可以幫助到你。

人生可以窮，可以失敗，卻不可以絕望。如果一個作家的靈感枯竭，他對創作感到絕望，他的作家的生涯就會結束，不過這也可能是個人另一個身分的新開始，可能變成了畫家，可能變成了攝影師，還有無數的可能性。可是當一個人的整體人生變得絕望時，他就會放棄了一切的努力與機會，人生中的一切可能性就會結束，這跟肉體的生命長短沒有關係，跟心態有關。一旦對人生絕望，青少年也可以變成跟鹹魚沒有分別，這不一定是受到什麼突然打擊，也有可能出現了各種的網路與遊戲成癮，又或者持續的被忽視而變得孤獨，對真實的人生絕緣絕望。但這種絕望是可逆轉的，只要你願意走出來，看到黑暗中其實存在希望的亮光，只要你打開了心眼就能看見。走出來，即使步伐是緩慢的，不要埋怨一切你改變不了的東西，你的內心是自由的，向希望的亮光處進發，什麼時候也不太遲。

相對而言，人生一旦陷入窮忙的境地，有時比起絕望往往更苦。絕望只是放棄努力的可能，不用花上額外的力氣，而且只要心態改變，就可以逆轉。窮忙者不但要耗盡所有力氣去工作，也看不到將來變好的可能性，只是面對眼前的困境苦苦支撐，用意志繼續頂下去，這種自食其力者其實很值得大眾尊重，他們是最卑微的奮鬥者。陷入窮忙的可能性有很多種，可能是收入不高的家庭，父母用盡一切可能儘量多賺點錢去支持子女，支撐他們奮鬥的動力只是為了令下一代不用再受同樣的苦。可能是收入較低而需要用絕大部分收入支持基本開支，由於需要長時間的工作才足以應付基本開支，根本沒有可能有時間進行進修增值或找到有技能需要的工作，只能持續維持在該等狀態，而且更不可能有什麼儲蓄或資本性收入，關注的只是物價及租金會否上漲，是否需要再增加工作時數以應付。即使多數人仍是有意願一直自食其力，可是當老後或有傷患令工作能力下降，不少人最終會跌入社會保障體系之中。對於新一代而言，很多人自小被父母所照顧，很難想像得到窮忙是什麼處境，也很少珍惜父母為自己提供的一切。不過很多人畢業後，尤其在異地工作或生活，或多或少都曾經歷過短暫的窮忙階段。如果多數人的工資收入上升比支出快，就能越快脫離窮忙階段。但如果工資收入永遠比不上支出上升的速度，就有可能陷於持續窮忙的狀態。

如果你還年輕，家庭的資源有限，請儘量在學習階段努力進行能力提升。當你一旦投身社會，你會發現許多高收入並有一定晉升階梯的工作，入職後都需要高強度的極限運轉狀態，到時你已不太可能有時間去學習或進修。如果你短時間內不太可能找到邁向高收入工作的階梯，盡可能選擇工作時間適當仍有空間給你學習或進修的工作，因為即使工作內容重複而不太可能有增值空間，你仍有條件可以自我進步。如果你選擇了一份眼下工資稍高，卻占用大量時間兼沒有長期個人增值的工作，你將來的工作發展變化可能會變得更狹窄。請記得在沒有外在資源的情況下，最實在的方式只有靠發展人力資源提升去改善自己的生活狀態。該學習該努力的時候就不要給自己太多慵懶的藉口，因為將來很可能要付出相當大的代價才有機會改善。

近年在不少發達國家還出現了一批高收入月光族，他們的收入達到中產水準，可是每月的工資總是要花光在各項支出之上，一旦有突發支出甚至需要舉債度日。多數這類群體是畢業後在原生家庭以外的大城市定居，尤其是專業對口的工作多在某些大城市才有的情況。無論願不願意也無法與父母同住以節省開支，需要租房及獨自應付各種開支。由於生活圈子的社交及出行等需要，很難完全過起孤家寡人的生活，各種支出不斷蠶食有限的收入。如果找到對象成婚，往往也是相近背景，不能再租用單一房間，兩個人需要租用獨立的單位以成家。美國樓市的地域性差異非常大，不同州主要城市的樓價與租金差異以倍數計算。比如在加州不少城市很簡陋細小的居室的每月租金也要數千美元起跳，租盤有時還手快有手慢無。在一些中西部城市一個市區單位的總價卻不超二十萬美元。大概在加州熱點城市四至五年的租金就可以在別的城市全款買房了，這種情況在不少國家都能找到相似的現象。

當兩個人一起的收入開始改善一點後，開始準備生育下一代，由於美國社會並不流行由祖輩幫手帶小孩，父母在別的州份定居也許還是處於必須要工作以維持生活的窮忙狀態，愛莫能助。小孩出生後只好付上高昂的托兒服務支出及各類教育開支，令家庭的收支狀態再次緊張，兩夫妻都要各自工作才能應負支出，親子時間變得稀少，有休閒時間很可能情願倒頭大睡，夫婦被生活壓力折騰得變成了合夥過生活的人。你想想就明白為何近年連生育率一直能保持的美國，熱點城市的生育率也明顯的下降了。

坦白一點說這種狀態相當難以處理，對個人而言解決之道不外乎降低生活成本，或者選擇離開定居地去生活成本更低的地方安家。有時候有捨才有得，在一些有新興行業發展的城市，不但生活成本減少，而且工作收入也許還差不太遠，收入下降了生活品質反而大幅上升。對許多大城市中工作的美國人而言，如果不是家境殷實，能靠工作收入在應付每月開支後，還能夠在大城市儲夠錢買房早已不切實際，能支付租金的可以考慮為工作先定居，將來再視乎工作的狀態多存點錢考慮在別的地方安老安家。對一些年輕朋友而言，請記得土地是固定的，而人卻是靈活的，一條根的想在某一地方定居，代價卻可能是一輩的不快樂，甚至為了一個可以住的居所而錯過了個人與家庭的各種可能性，到頭來是得到的多還是失去的多，就請你自行思考答案了。

記憶與遺忘

很少人知道，遺忘也是人生必要的手段與正面功能。人生在世，煩惱問題如果不斷的累積，就有可能超出負荷，而遺忘就是解決方式之一。為什麼說時間是解決痛苦的良方，也就是遺忘的功能發揮了作用。如果有一些人記憶力特別好，十年前芝麻綠豆的事還是歷歷在目，就有可能有資訊超載的風險，不一定是什麼好事。因為人腦的機制是為了專注處理眼前最迫切的事，而遺忘不重要的舊事物，這與人類的進化及生存需要有明顯關係。

小孩子出生以後，腦部就開始不停的學習，同時也會不斷的清除與整理，就好像長出來的草需要不斷的修剪作整理才長得更好。所以一個小孩子三歲前學的母語能力，如果三歲後移居另一國家學習另一種全新語言，多數都會喪失原有的母語能力。考試時硬背下來的知識資料，漸漸會被遺忘，反覆用上的知識，才能牢牢的記住。

別人對我們的好，我們記住了，就會去嘗試報恩。別人對我們的壞，記得太牢，心中就會充滿怨恨。不是什麼事情都可以原諒，也不是什麼人都值得原諒。而且傷害他人的人如果沒有受到應得教訓，就只會有更多的受害者。法律對不同傷害行為有明確的處理，可是不涉及法律的情感傷害，往往也有巨大的負面影響。但無時無刻想報復他人，往往被傷害最深的還是自己。如果是曾經相愛的兩個人，分開以後，就算你的心中有多怨恨，最好還是能夠相忘於江湖。不是放過別人，而是放過自己，去專注找下一段更好的緣分，才可以令自己的生活變得更好。牢記與遺忘，沒有絕對的好壞之分，最好能忘記的事，就讓他忘記，重複去想，就會牢記，不斷重播，不勝其擾，對自己的心理不一定有好處。要阻止這種二次傷害，首先要限制重複同一思想的時間，比如每天只想十分鐘，再把時間慢慢縮短。第二種方法是找到令自己身與心能再次專注其中的人與事，可以再次投入其中。

認識到腦部運作的機制，你需要重複使用的技能就會不斷加強，而長期不用的技能就會被遺忘。同樣道理，一個長期不閱讀的人，就會喪失閱讀的能力。這不代表他們不能閱讀文字，而是他們無法專注地進行較深度的閱讀，只能閱讀簡短句子。現今的社交媒體的盛行，連發表每一訊息可以輸入的字數都有上限，有時候甚至連字都省略了，只以圖片或短片作表達。點讚取代了討論與表達。我們身處的是一個資訊爆炸卻知識貧乏的時代，新媒體的好處是可以快速傳播資訊，限制是無法傳播複雜的想法以及知識，漸漸地許多理念與知識就會被遺忘。

有時候不只是個人會遺忘記憶，整個群體也會選擇性地遺忘記憶。經歷過戰爭破壞的國家，許多國民往往都不願再談論

過去發生的事情，而新的一代除了歷史課中有小量描述，根本不知道過去發生的事情有多慘烈。比如今天到美麗的沖繩島遊覽的遊人，有多少人知道戰爭期間平民受到迫害被強令參戰，戰爭過後人口下降了四分之一，這是多麼慘烈的歷史。今天遊覽蘇格蘭愛丁堡的民眾，很少人知道眼下的城市曾在與英格蘭的戰爭中被燒成一片火海。今天繁榮不已的東京，有多少人知道在一九四五年的時候，這裡被投下的燃燒彈燒成了一片廢墟，有多少人知道並重視這些歷史的教訓？

如果一個群體忘記了過往錯誤引起的災難，無論是侵略者還是被侵略者，只要歷史的教育沒有被正視，經歷與教訓就被集體遺忘。新的一代人就有可能沒過多久又會走上相似的舊路，歷史上已有的教訓與錯誤一再重複出現。哲學家黑格爾在十九世紀時就指出經驗及歷史告訴他，人們似乎並沒有從歷史中學得到什麼教訓，似乎這情況到了今天卻沒有多少變化。現在很多人只重視競爭文化，強調科技與創新，卻不重視教訓與經驗承傳，也不重視歷史的教育。似乎歷代的哲學家及歷史學家努力進行的提醒總是徒勞無功，因為他們的提醒只是被記載在文字之中，而大部分的人們卻沒有經歷過真實的苦難，很自然的會毫無感知。

如果教育體系不重視，根本沒有可能把歷史災難的教訓產生可代際傳承的社會性免疫。比如一些可以避免而且毫無意義的消耗式戰爭不斷出現，世界打了一次大戰後，沒多久又到了二次大戰，然後還有很多地區性的戰爭，事實上戰爭與衝突從來沒有離開我們的視線。大眾不需要成為歷史學家，但多數的人不應遺忘了人類社會上重大的歷史教訓，因為有一些看似無所謂的遺忘，很可能會令下一代走向更大的苦難作為代價。除非人類徹底消失，否則再崩壞的社會狀態也會迎來重建。否極泰來，物極必反。問題是，明明有一些崩壞與群體性的苦難是可以避免，為什麼人類不去學習如何預防與規避。可是歷史上那些在作品中大聲疾呼的人似乎都是徒勞無功，但思考者總有那種明知不可能而為之的精神。

明白了以上的道理，你應該會認識到閱讀能力的下降，歷史與文化無法有效基本傳播，也會大幅降低思考能力。如果一個人的腦長期不用作思考，思考能力真的會喪失，只會偏好做一些不需要複雜思考的日常慣性行為。如果一個群體不推崇思考，只推崇集體主義的一致行動是極為危險的。納粹主義興起的年代，人們甚至以想幹就幹不用多想作宣傳口號，這是集體性地失去了獨立思考能力。大家應該明白到思考能力的喪失，危害的不只是個人，危害的可以是一個社群，一個國家，甚至整個世界。

隨遇而安，調整目標

有時候我們會產生了一個堅定的目標，或者很想到達的一個目的地。我們努力地向目標奮鬥，最終卻因為各種各樣的原因而無法達成。目標達不到還是其次，我們有可能開始變得憤怒，為什麼我這麼努力還是得不到好的結果。當憤怒的力量用完後，隨之而來的往往是消極與沮喪，反正就是達不了，就放棄了。放棄的往往不只是原有的目標，而是面前的所有可能，完全放棄了對其他事物的努力與奮鬥，變成了自暴自棄。

你有沒有試過因為失敗或達不到預期目標而突然間感到莫明的憤怒，正視你的憤怒的來源，接納那些你不願接受的現實情況。面對不如意時你可能會想大喊，為什麼我已經那麼努力了，還是達不到預期的結果。有些事情不是單憑努力就可以達成，選擇與自己和解，放下偏執，調整心態與目標才可以繼續邁步向前。

一位學生定下了必須要考入某一熱門科系的目標，認為必定會考進去，沒有後備方案，只許成功不許失敗。卻在考試時候突然肚痛，這嚴重影響了考試的表現，最終考不上目標。學生意志堅定，再接再厲，第二年又去重考，遇上了新型題目，以往的考試中未曾見過，沒有把握。恐懼的感覺傳遍整個身體，連後面的題目作答時也力不從心，他知道又失敗了！走出試場的瞬間，他感到萬念俱灰，感到自己的人生已經完蛋，沒有力氣再重考，也不再思考其他可能。回到家後把自己關閉起來，飯也不怎麼吃，什麼事情也提不起勁。心中念念有詞，為什麼就差那一點，為什麼我怎樣努力都是白費，是否老天也不喜歡我。他昏昏沉沉的睡著了。在夢中，他倒在地上痛哭不已，我的目標沒了，我的理想沒了，我的人生再沒有希望了。這時，他看到有一位老者徐徐走近。

「少年，有什麼事這麼傷心啊？」

學生仍是重複了目標達不到人生已無希望的論點。老者看了看跟學生說：「這沒什麼大不了。」

「我每次考試都考不好，人生已經毀了！」學生說道。

「心不毀，人就不會毀，心毀了，人就廢。請你想一想，你出生之時可被安排了什麼目標嗎？」老者道。

「這個又好像沒有。」學生徐徐的答道。

「那你在什麼時候才有了人生的唯一目標是必須要考入特定科系的想法？」

「是高中時立志定下的目標。」

「這不就是後天無中生有的目標嗎，那為什麼不可以改變？你為什麼製造一個目標去束縛自己的人生，而同時扼殺了其他的一切可能性，這不就是作繭自縛嗎？」

醒來後，學生想一想這個奇怪的夢，覺得當中對話如當頭棒喝，重新找到再次振作的力量，成就往後人生無數的其他可能，不一定成為什麼偉人，卻能好好地繼續向前走，一步又一步的向前走。

不要把自我當成那麼一回事，「自我」並不是什麼神聖的東西，自我認知不是純然天成，而是會因後天環境及經歷而改變的。很多時人只是以違反自我作為不做某些事的擋箭牌，尤其是那些需要發上大量力氣持續投入才能完成的事。如果什麼不願意做的事都可以不去做，很易就會成了下一個「納豆仙人」。有經歷的人會了解，自我是慢慢形成而且不是一成不變的，自我只是一種個人狀態，不是可以做任何事的藉口。而個人原則，是比虛無的自我更清晰應該或不應該的界線。強調自我是人之常情，我小時候也非常自我中心，只是長大沒有太多人會包容你的不成熟。當你還在強調自我，別人已經在突破自我的限制，獲得更多的成就。突破自我限制不等於要你接受別人的安排與價值，而是要懂得在個人偏好與適應環境之間取得平衡，不以自己的喜好作為唯一的處事標準，這才有可能與人合作，這才可能建立一個穩定的家庭。永遠停留在自我模式的人，好像無時無刻都準備好把自己的一對角與任何不認同其觀點與意見的人進行格鬥，其實這樣會很累，而且很易變成固執與封閉，繼而陷入一種厭棄社會的負面循環。其實很多時自我是一種堅持，自我是一種個人選擇，只是請了解到你的自我與外在的社會和生活其實可以更好的去協調，為什麼不去嘗試一下。

一件事情做不好，一個目標達不了，還是有其他的事情能做好，其他的目標達得到。隨遇而安與無所作為是兩種截然不同的概念，因自己的境況與際遇不斷努力，是隨遇而安，而無所作為，隨波逐流只需要簡單的選擇放棄。外在的因素與環境，我們無法控制，我們卻可以調整自己的精神彈性，去不斷應對真實的處境。目標可以調高，也可以放低，努力過做不了的就對自己寬容一點，去尋找仍可勝任的其他可能。一位五十歲的跑手不太可能比二十歲時跑得更快，卻可以比二十歲時當一位更好的教練，訓練更多比自己跑得更快的小跑手。萬科的創辦人王石兩次成功攀上了珠穆朗瑪峰，他在刷新了攀上世界頂峰最年長者的紀錄以後，卻沒有準備再破新紀錄，而是轉軌到學習之中去突破了。這種選擇生命不息，折騰不止的人，總會有不一樣的收穫。人一生中的能力圈會不斷改變，即使你做不了以往可以做的事，再也當不回以往高層的職位，還是有別的地方可以發揮光與熱，只要你沒有放棄你自己的一切可能，你就可以發現並看見自己的更多潛在可能與價值，不要因為失落任何自我或他人設定的目標就自我放棄，因為你還有無數可能！

適應環境的能力

很多教育子女的建議都是想提供一個教育子女的標準方式，而往往忽略了適應環境的重要性。一些在不同的發展中地區做生意的朋友，他們教育子女時很強調適應性的重要，不要把自己原有的認識當成世界的唯一真理，必然要結合當地的實際狀況去調整適應。

如果一個孩子在學校乖巧守禮，過馬路時必定會在綠燈才慢慢走過去，平日必然會在吃飯時好好排隊。有一天參加了某遊學團到了另一個國家，出酒店外走動時，發現有汽車經常在綠燈時仍駛向行人，自然會嚇得退回行人道不敢動彈，並可能忍不住心裡暗罵汽車不守規矩，覺得這個國家的交通太混亂了。其實他不知道有些人口密度較低國家是允許甚至鼓勵司機在沒有行人時不理行人燈號通行，只在見到有人過路時才停下。其實我們對世界事物的認知都是受其原來生活的環境影響，有時候卻把固定認知帶到不合適的環境之中。最關鍵的是，他們有沒有察覺有時候需要按環境作出調整適應。

比如長輩教孩子去投資，拿了一本上世紀美國出版的長期投資必勝法則的書籍，書中有大量的論證及案例去證明長期投資股市的好處。孩子堅信父親的建議以及書中的嚴謹的論證，相信長期投資市場必定會給你回報的，拿出全部的家族資本去投資。不幸地這故事的主角卻剛好身處於一九八零年代末的處於泡沫經濟的日本，買入股票指數投資後等足三十年也是負回報。到自己退休時很可能在埋怨一下長輩的投資想法害你半生都沒有投資收益，老來退休後只有很少的退休儲備。

相反地，如果故事的劇情發生在一九四零年代的美國，剛好因為教導你的長輩在一九三零年代經歷了大蕭條，大量股票的價格曾經出現崩盤，長輩自然視證券市場為洪水猛獸，建議子女終其一生不要接觸股市。所以子女很自然就會錯過一九四零至一九六零年代美國股市的淘金年代，與大時代的財富增值失之交臂。

長輩的教導往往來自其人生體驗，而子女在成長過程中可以吸收，但不一定要全盤接收。你必須要有自我的過濾能力，並衡量當下的環境是否適用這些理論或法則。比如學會只跟講道理的朋友講理，明白到跟不講道理的人講道理，換來的很可能只是一記拳頭。這需要平日教導孩子建立觀察環境，自我調節行為以更好適應環境變化。適應能力最強的生物，才是生命力最厲害的生物。除了做人的基本原則如不損人以利己等不可放棄，在人生各種事項與選擇上靈活變通，才是有智慧的表現。

盡力而為不求完美

人生中沒有可能完美，也根本不可能面面俱圓。男人不可能同時是好兒子，好丈夫，好女婿，好爸爸，好員工，因為時間是有限的。女人也不可能同時是好女兒，好太太，好媳婦，好媽媽，好員工，因為根本沒有可能同時兼顧。對這麼多的角色已經夠累人，如果還想當親友的模範，事事招呼周到，什麼都想做好的人不累死才怪。

一個被學生愛戴的好校長，可以同時是一個親子關係非常差劣的媽媽。一個拚命奮鬥的好員工可能是一個天天在不同國家飛來飛去的太空爸爸，而且完全錯過孩子的成長，唯一只能透過金錢和物質作補償。但有選擇地缺席一些人生中應盡的角色自然不妥。但換一個角度去看，亦要體諒到不是任何人也可以自由選擇工作的強度與性質。如果家中肩負經濟重擔的人選擇擔任經驗與能力不相關的輕鬆工作，家裡有可能會窮得開不了鍋。甚而子女的教養費用都負擔不起，需要東摘西借，似乎家庭生活也不一定能變得更好。試問人生又怎可能事事圓滿？好的相反就是壞，沒有什麼人想做壞人，可是人生必須做取捨時，一些角色必然會得取捨，能勉強維持一般的水準已是殊不容易，不可能達到好的要求。在當今競爭如此激烈的職場，放工後身心俱疲，還要殘忍地剝削有限的休息時間，在放工回家後教育小孩，真的殊不容易。如果父母雙職工作才能維持生計，只好儘量安排長輩或請傭人代為照顧，安排輔導班的導師進行功課輔導。生活就像一個不停的齒輪在持續轉動，真的很累。我相信很多人有時真的想大喊，「好辛苦啊，真的很累啊！」

這種時候，真的可能很無助，家長也是人，根本不可能做到育兒書中的所有建議，而且那些建議不一定切合家中的實際資源及生活情況。當你很累快支撐不下時，停一下，先降低自我期望，比如把自己的角色目標由九十分降至六十分，看看自己能否適應，再按優先次序慢慢提升目標。任何時候把自己累壞崩潰對自己對身邊的人都是最爛的選項。面對那些站著說話不腰疼，喜歡有事無事動動嘴皮子的人，請直接無視，因為他們不是真心想幫助你的人。對那些有能力並真心想幫你的人，請不要顧及什麼的面子接受別人的幫忙，你的優先次序是把運轉過熱的家庭與生活狀況返回較正常的模式。

子女也請設身處地考慮父母的處境，將心比心，少提要求，尤其超越父母能力不切實際的要求。想要資源想要享受是要靠自己爭取的。我人生中第一次坐飛機還是靠拿了中學的公開考試的獎學金，及後的旅行都是靠自己兼職收入支持，以自己努力賺回來的錢得到回饋，是一種快樂與滿足的體驗。要學會多做實事，儘量自行解決問題，就是減輕了父母的擔子，令他們可以更從容的處理自己的其他角色。

要知道父母養育孩子往往並不容易，每個人都有自己的難處，請互相體諒。我曾不只一次看到那些家長筋疲力盡的樣子，尤其是那些以一百分為標準的爸爸媽媽，事事只想做到最好，很容易把自己的身心累壞。人無完人，金無足赤，疏於照顧和過度盡責都是各走極端，不利教養孩子這種持久戰。盡力而為的精神是，在能力範圍內，以自己可以承擔到的水準盡力而為之。這必須保證身心不被透支的前提，才符合盡力而為之的精神，並且接受各種並不完美的結果。

自利與利他的平衡

為自己爭取利益並沒有什麼不妥，只是追求個人利益的同時要考慮個人與社會之間的平衡，不要去做一些損人以利己的事。奮鬥而獲得獎勵，雖是自利行為而引發的生產及奮鬥的動力，卻對社會非常重要。雖然在社會上我們更傾向於表揚利他主義，不同的社會用了很長的時間去實踐下發現，如果單靠精神雞湯去推動人們工作生產，沒過多久生產力就會下降。作為奮鬥回報的物質獎勵相對也是非常重要。

一位歌手辛苦創作與表演，所有的歌曲都可以隨便下載，如果連開演唱會都不收取門票費用，假設沒有其他間接收益資助，有什麼可能長期維持，免費其實是間接扼殺創作。要求共享及免費其實很大程度是一種占便宜的心態，如果你家有一間市中心的房子，你會否傻得拿出來給不同的陌生人不用交租隨便共用，或者把你銀行戶頭內的錢拿出來與人共用，估計沒過幾天就不能持續了。為支付各種育兒費用筋疲力盡的家長，應該最想有善心人士願意去「共享」一下自家孩子的教育費。

多數喜愛共享別人創作與資源的人，一聽到要持續付出費用的要求便會消失無踪。所以有良心的人不會隨便要求別人去滿足其無理的共享要求。有些人會以試食或幫人上網宣傳為

名，自稱什麼社交媒體上有些少追蹤者，就要求餐廳旅館免費招待。如果你自己開了一家餐飲，你所認識的所有同學朋友都過來免費吃喝，美其名幫助宣傳或帶旺場地，估計餐廳沒多久就得倒閉，己所不欲勿施於人就是這個道理。

如果你努力工作，旁邊的人非常懶散，把工作量都推給你。而你的收益跟旁邊不努力的人是完全一樣的，就會消磨掉努力生產的動機，變成了大家一起去混日子。因為收穫相同下，付出最少努力的人相對收益就是最佳，相信有一定社會工作經驗的人都深有同感。所以說自利是人的天性，只是表現出自利的形式不盡相同。與人比較也是人的天性，只是表現的形式是說出來還是放在心中，是表現上比較還是不受自我可控制的潛意識上比較。每個人受比較心態影響不盡相同。完全不理孩子學業的媽媽，當然不會計算孩子學習成績的高低，不過總會認真地計較自己在牌局及遊戲中的輸贏，這就是有所計較的事物不同而已。

自利是正常的行為，想努力工作改善自己的生活也是一種善行。所以孔子說君子愛財，取之有道。我們可以安於貧窮，卻不會追求貧窮，能努力工作改善生活對個人對社會也是一件好事。因為當你用自己工作賺回來的錢消費時，又會促進他人的生產活動，令社會整體得益。

在消費方面量入為出是一條十分重要的原則。不要借錢作超前的消費就沒有問題，因為超前消費會透支你將來的人生。

我們可以借錢去學習，因為這可以增加將來的生產力，卻不應該借錢去作超越負擔能力的消費，因為這種習慣只會拖累你將來的生活品質，甚至陷入負債泥潭。

適當的利他主義很多時值得鼓勵，有時一些行義的舉動甚至可以拯救生命。端午節很多地方都有賽龍舟的習慣，廣東一個鎮上的龍舟隊在練習時發現了有學生書包浮在水面，熟悉水性的隊員觀察附近沒有人在找失物，馬上意識到可能有人遇溺，立即到水下搜救，並成功救回一對母子的生命。如果隊員們不是心存善念，不會立即奮不顧身的下水作出拯救，根本沒有任何其他及時救援的可能。這是義的行為，善良的人本能之中認為義的事情就會去做，即使是對素未謀面的陌生人提供協助。這種真實的故事在全球不同的地方也有很多例子，似乎也是一些善良的人的本性。但利他也要顧及能力，不要去幫人時變了被救援的對象。當你貧窮時有人幫助當然是好事，但如果純粹因為不想工作只想玩樂而致貧，你很易就會想起救急不救貧這句老話。幫助變成了純粹的依賴時，幫助的重點就要改回如何幫其自力更新。而且財務上的幫助者亦要考慮自己的能力，不要在超出能力去幫助人後變成了自己須要尋找幫助。

當你節衣縮食借錢給同學朋友渡過財務困難，轉頭看到他女友換了新手機，還說這是男朋友辛苦賺錢送我的。你可能突然會感到很沮喪，兄弟是用來出賣的嗎？有時候利他想法，也要顧及自己的能力，也要平衡自己家庭的利益。聽過一個故事，有人被少年時的夥伴要求向財務機構借款數十萬助其買房討好妻子，那位朋友立即陷入兩難，不借一定失去這段友誼，借了幾乎一定失去錢財。這是一個必然出現損失的難題，很多時深厚的友情也因此而斷絕。自發的幫助是個人的自由選擇，這種情況下幫人者是愉快的，被幫者也是高興的得協助。但以任何道德或情義強迫捐款和借款的行為應該被抵制。

對個人而言，努力工作，收入上升能為國家交上更多的稅，轉而造福社會支援各種公共開支及社會福利，就已經是個人對社會作出最實在的回饋，就已經完成了他對社會付出的必要義務。比起那些常把道德掛在嘴邊，稅金沒交多少社會福利拿到足，偶然的捐款恨不得拿個揚聲器讓全世界都知道，還以此作為道德高低去間接取笑他人缺乏情操，一看就知道誰才是對社會更有貢獻而更有底氣。捐獻是個人支配金錢的自由選擇，與道德高低無關。每個人對社會作出貢獻的方式都不同，走好自己的路，不成為社會的負擔，就已經符合做人的基準原則，因為你努力奮鬥經營或工作付出的稅金，已經完成了對社會必須付上的責任與貢獻。

麻木不仁與過度共情

麻木不仁與過度共情是處世的兩個極端。心理學有一些研究發現少部分人的大腦功能特定的能力缺失，無法體會與理解別人的感受，簡單來說就是對別人的苦況難以理解，也難以發展出良心的自覺，因為他感覺不到傷害別人的事有什麼不妥當。如果沒有社會規範加以阻止，這些人會毫無顧忌的以自己的利益與感覺為唯一考慮，這對社會來說就不是什麼好事。事實上更多的人並沒有先天的缺失，也可能會因為環境的變化而變得麻木不仁。這可能是因為他身處的世界並不重視良知的建立與情感的交流。這會令很多人漸漸地失去了對別人的關心，也會忘記了人在社會中應付的責任。

相反而言，有一些人會出現過度共情的狀態，對遠離自己生活環境，甚至是虛構小說或電影主角的悲慘際遇而痛哭一場。有甚者個人情緒隨時受影響久久未平伏，甚至變成一整天的鬱鬱寡歡。這不只對處世及與人交流不利，也嚴重地影響到正常的生活。過度的敏感與共情，會很易令人持續陷入無止境的痛苦循環之中，非常痛苦。人如果把世間一切的苦往自己的肩上挑，一定會倒地不起，最終反而一事做不成。更好的選擇是由近而遠，保有不同程度的關心，對外在的事情與變化保持適當的距離，令自己承受的不超越最大負荷的壓力。我們每一

個人都有能力的極限，醫生努力的去醫療病人，卻不代表他們有能力可讓人長生不死。正如徐福被任命要為秦始皇尋找長生不老藥，最終卻只有選擇逃跑到蓬萊。沒有人可以承載超越自己能力的事，不是你想就可以做到，不是共情就有用。

有一些事情不可以強求，選擇在一些時候放手與接受，不一定是壞的決定。而把身邊發生，媒體上的報導，以及接觸到的所有故事的不幸成份往自己身上推，幾乎肯定會把自己推倒，甚至需要尋求心理及精神科的輔導。這亦是為什麼在醫療專業及一些專業服務上，關心服務的對象而保持適當的專業距離是重要的平衡。試想一下精神科醫生每天面對多少悲慘案例，如果專業距離失去平衡，就很易被捲入悲慘世界的漩渦之中不能自拔，變成需要別人治療的對象。所以說麻木不仁與過度共情都不是好的狀態，要找出一個合適的平衡點，這平衡點的關鍵作出承擔或建立共情連繫後，自己仍能以往常的腳步一直往前走。不去要求自己能解決所有問題，或令世間因你而變得只有好的一面，而是去適應變化無常的世界。當你不被壓力與自我要求拖垮，明白到在各種挑戰及困難下繼續邁步向前才是真正愛你及關心你的人希望的狀態，而不是沉溺於痛苦之中不能自拔，才能發揮力量為自己與世界繼續作出真實的貢獻。

整體性思考

個人與社會的命運是相連的，社會與社會之間的命運也是相連的，整體人類社會是一個命運的共同體。我們當然可以理解各家自掃門前雪是社會的常態。可是我們也要理解到當社會出現動盪混亂之時，即使你自以為築起高牆，建起豐厚的存糧，在國內外都建立了堡壘，自認為安枕無憂，所以閒來無事就可以譏諷一下身邊不如你的人，並對社會一切發生的事不聞不問，認為不可能影響到你，這種想法其實是有點太天真了。

當一個社會生病了，所有不合理的事情都可以合理化。很多人都聽過羅賓漢劫富濟貧的故事。羅賓漢打劫了有錢人，在正常社會下應該被視為是罪行，卻被廣大的群眾拍手稱讚。這絕對不是故事，而是在真實世界會發生的事。美國在一九三零年代經濟大蕭條後，出現了許多大盜的故事，他們的事蹟在那個年代似乎並沒有太多的指責，甚至得到稱讚，認為那些在社會困難時期擁有巨額財富的商家與銀行就是該被修理一下。美國電影《大犯罪家》就是以這一時代為背景。這在和平及發展良好的社會是匪夷所思。

當平成年代以後日本的社會經濟發展陷入停滯，老齡的富裕者漸漸被視為財富的壟斷者。那些老齡者在戰後日本高速發

展的時代，努力工作，辛苦累積的財富自己享用，並沒有什麼不妥。可是當社會的階級流動機會不斷收窄，越來越多沒有祖輩庇蔭的新一代發現自己如何努力學習與工作，自己的收入與生活狀態也難以改善，機會之門已經封閉。有部分人選擇變成了佛系人生，以低微的工作收入，以斷捨離的極簡生活主張加上小確幸的自我滿足哲學，作為適應資源缺乏的手段。而一部分有活力卻苦無機會的人，甚至不惜以犯罪去從富有老人手中以詐騙獲得財富。我只能確定的說是社會生病了，而這個病絕對不只在日本發生，而是在更多的國家與地區上演。你真的可以認為事不關己嗎？

不同社會間的連繫，除了是旅遊與貿易，有時也有瘟疫，社會動盪與戰爭的互相傳播。中國從長期的歷史實踐中深知，當別的國家陷入混亂或破滅，自己也很難獨善其身。所以中國有時候會以恢復秩序的動機去幫助周邊的國家，比如明朝時代出兵朝鮮處理壬辰倭亂及丁酉再亂（亦稱為萬歷朝鮮之役），派重兵抵抗豐臣秀吉的入侵。很多時候，不要對一些國際事項視為事不關己。當一個地區陷於戰亂引起了難民潮，接收或者不接收難民也很易引起各種難題。如果接收人數眾多，超越國家的負荷，很易會引起社會內部矛盾與分裂，別國的混亂最終影響到你身處的地方。又比如當一種疫病開始流行，如果沒有良好的公共醫療體系對疫情加以控制，就難以阻止其傳播，尤其能夠空氣傳播，就有可能引起全球性的疫病，尤其以能夠空氣傳播的流感類殺傷力更大，可以迅速地癱瘓醫療系統，並引起疫病大流行與失控。這時候你再想一下，如果為那些偏遠及貧困的地區提供醫療體系保障，是否與自己無關，是否自己有能力住五星級私家醫院總統套房，就不用理會身處社會的基礎設施是否足夠。細菌與病毒感染是無分貴賤的，再富有也沒有特殊的抵抗力，即使你住在豪華遊輪的頂級房間或是飛機的頭等艙，你的命運跟同一載體上的人是緊密相連的。整體性思考其實不是什麼新的東西，中國傳統天人合一的思想早已把人類自身與他人的命運，以及自然環境的變化緊密相連，這種古老的智慧觀點似乎到了今天仍沒有過時。

獨立

抵抗盲目的最佳抗體
良知不受動搖的力量來源

建立立體的觀察能力

立體的觀察能力是新一代必須要建立的終身技能。這是一個科技異常發達的社會，卻是一個資訊接收極為封閉的年代。很多人除了生活場所如學校與公司需要直接與人接觸，其餘時間社交與資訊接受的唯一來源就是一部幾吋大小的手機。因為需要遷就小螢幕，在移動互聯時代能吸收的資訊比以往更集中，資訊都是針對使用者興趣量身發放，接觸到的訊息面會扁平化，你的觀點以及對世界的認知也很易被扁平化，視界越來越窄，接收的各類訊息越來越集中。

當一個觀點形成，很易就會在狹小群體內自我增強，再而變成了偏見，這是相當有危害性的變化。因為人們的知識面及對世界的認知其實不斷收窄，而且對接受的資訊不加以過濾與求證，假消息與偏執的想法就很易傳播，在小群體自我加強，漸漸形成更極端的思法。當大眾對世界的認知都是從一個幾吋大的有自我使用者傾向篩選的資訊而來，世界變成了非黑即白，追求單一化認同，非我即敵，想想也是一件很令人擔憂的事。

很少人會教導我們做決定，發表觀點要先立體地瞭解事物。大家要認識到對重大問題沒有調研就不去隨便發言，因為言者無心，聽者有意，三人成虎，歪理也會變成真理。我對於很多人一起做的事就認為是對的非常反感，股市狂牛的時候有最多的人在一起交易股票，可是大多最終成了高位接盤者。人多的地方不一定就是對的方向，而且很多時錯得離譜。小時候未有立體觀察能力很正常，朋友間說黑就認為是黑，說白就認為是白，我們對各種同輩的觀點接受多於抗拒。如果去聽了個什麼講座，聽了一位不知什麼頭銜的人發表了意見，比如什麼入學講座，說什麼新的課程有多好，資料中的學生都掛上動人的笑臉，你就沒有懷疑過事實是否跟想像一樣美好。你會否從多方面打聽，親身觀察那裡日常上課日的狀態，瞭解一下學生的真實畢業出路。

即使是家境富裕學生的家長，對國際教育及留學的所知非常之少。很多時他們對海外高中教育的想法就像付了費用孩子參加了一個長期遊學團，最好能保證升大學就好了，對孩子的發展有那些好處，有那些限制和可能負面的影響，孩子的性格及特性是否合適，其實往往真的沒有想太多。「別人家的孩子都去了嘛！」那你有沒有看到別人家的孩子回來後是否變成了行業領袖，學術先鋒。如果留學只是作為享受與消費，別人家的孩子應該天天花著父母賺的錢在國外揮霍樂不思蜀。有一些人除了學會如何花錢和怎樣去玩以外，其實什麼都學不會，尤其一些成績非常一般只求有大學名銜的自費留學生，他們自由地揮霍家中的金錢資助，成就了自己的快樂人生，背上的責任早已放下得一乾二淨。

同樣是去留學，有一些人非常發奮，兼顧學業同時自己賺錢去遊歷更多的地方，精神及學術都飽滿，還未畢業就安排各種實習和準備好工作的需要，不用擔心要找工作而是要考慮選那一份工作，這差異真是巨大的。我認識一位加州大學柏克萊分校數學系畢業的朋友，他跟我說過他們系裡畢業的人的發展千差萬別。有一些人早有準備，除了本科專業還不斷進行目標行業的知識準備與學習，積極尋找實習機會，一畢業就到了蘋果，谷歌那樣的科技公司工作。最理想是做研究就發奮去衝千軍萬馬的學術的獨木橋，能夠獲得博士學位雖然經歷了千辛萬苦，但還不算最難，在博士也過剩的年代要競爭得到大學的教席才是難上加難。

請想想一間大學每年有多少人博士畢業，卻每年只有多少人退休或新開席位而出現教席空缺。如果你不是頂尖大學畢業兼已發表了有影響力的論文，又沒有貴人教授願意引薦，那有這麼容易找到教席。不要以為學術圈是這麼容易進的，辛辛苦苦找了一些朝不保夕的講師合約，又是否如你所願。如你早有所察覺，是否及早留意各地大學教育界的發展，為自己打開機遇之門。什麼都不想又沒有安排的，可能只找到一些非常普通，人人都能擔當的工作，學歷在一段時間內都無法給他們帶來多少增值。如果學習的科目是興趣，辛苦也是值得。如果只為了個人收益，就可能落差巨大了。

學會立體地觀察事物，是幫助我們去做一些較重大的決定的重要技巧。雖然不能保證決定必然正確，至少很大程度上減少了花光了人生最重要的時間後才來後悔。出來工作以後，很多人總會受工作環境的同事上司所影響，有時一些人對你的評價是客觀的，善意提醒你，有什麼改善空間應該心存感謝。不過有一些上司的批評不一定是合理的，有時是找人背黑鍋，有時是純粹找人去發洩情緒。不要對那些無理的批評過度在意，有時批評去到人身攻擊的程度，甚至全盤否定你的人生價值或父母都被罵，這種環境還是早日離開方為上策，要知道很多職場上身在高位的人不一定是心理正常的。

雖然要管理就不能只當好人，要賞罰分明，提升團隊的工作動能及生產力，不過有一些人因為壓力過大後已經出現扭曲，比如我曾在同學聚會中聽到人說過如何喜歡把下屬及相關接洽的公司做事不夠爽快的人罵哭，最喜歡把人的能力推至極限，還很高興的說他們工作資歷較深的同事全部都出現長期病患。如果你不幸地遇上這類上司，請自求多福，早日離開以免身心受創。人生，有捨才有得，捨棄一份不合適的工作，找回自己的快樂，是值得還是不值，請自己認真考慮。

在自己能力的範圍內承受點壓力去奮鬥是好的，但過度的壓力和痛苦就不是什麼好事來了，不要喝太多公司的文化雞湯。用立體思考去觀察，那些罵人的上司生活幸福嗎，可能家庭早已分崩離析，跟在身邊的父母或跟隨打拼者個個都沒有沾到福氣，那你以他們作為奮鬥的目標，或誤以為跟他們打拼就能過上好日子，這可能性有多大。在職場上，你為工作付出多少都已經被工資完全解釋，即使工資跟工作量不成正比，你也

千萬不要以自己為公司曾經付出了多少，就以為將來必有回報。這種回報不一定成立，更可能是你沒有開發自己的職場競爭能力，在將來被新來的受心靈雞湯短暫洗腦的新人類所取代，理由是你的薪金比較高所以是公司的負累，你往昔奮鬥的功勞苦勞早已被遺忘在九霄雲外。立體的觀察，而不是別人說什麼你真認為是至理明言，是人生中非常重要的智慧。有一些人看事情及發表意見就像戴了濾鏡，只看到好的或不好的一面，而沒有多面的考慮事實的立體狀況。比如某些國家認為普天之下只有自己的理念及制度是最好，並且到處宣揚，很多人就會信以為真。

美國的頂尖大學雄據在全球大學排行榜，在科研與創新的能力不容置疑。但當地的頂尖名校以私立大學為主，教育資源相對集中在富裕人群之中，雖然某些大學開始增加獎助學金，但對一些大學生而言畢業後要背上的有息學生貸款可以高達十多二十萬美元。由於還要不斷支付利息，不少人甚至醫科畢業生工作了二十多年仍未還清學生貸款。目前美國最大的個人負債項目除了房貸就是學生貸款，這是無可爭議的客觀統計數字。

如果你身處的地區，最優秀的大學以公立大學為主，學生不用負擔大學教育的全部成本，而是由政府去為大家的學費的大部分進行埋單，家庭不富裕的人只要是有能力考入去的也能負擔得起大學的學費，應該了解到這不是必然的福利。認識到不是每一個政府都會為普及性高等教育去埋單，卻很少有人懂得去感謝國家的培養，這真的不是理所當然的普世福利。

立體思考也可以用在感情與交朋結友之上，如果你認識的對象是完美無缺，是心中的男神或者女神，一點缺點也找不到，明顯地就是認識不深入的片面認知。如果你沒有機會更進一步認識，這種美好的幻想還能保存在心底。如果真實地長時間接觸，很多想像中沒有的問題與情況都會浮現。這亦是為什麼熱戀中的男女不易挑出問題，而相處日久的夫妻互數對方毛病出來時，隨時一個清單也未必能數得完。當然也有一些相處得比較好的情況，找到的毛病不多或者並不嚴重，這種情況比較容易相伴到白頭。可是認識不深就認為是真命天子，不久卻發現性格不合而分開的例子比比皆是。認識朋友也是如此，對認識不深的人，不要隨便評價，因為人有多面性。雖然人的行為慣性在一定時間內的相對固定，可是我們也要認識到人的決策與能力也會隨時間與環境而改變，沒有絕對的固定性，不要輕易的把一個認識不深的人作絕對的定義。在工作及處世上，對事不對人的態度，往往比認定某一個人是好是壞對處理事情更有幫助。

認清虛假表像

你看別人的社交媒體上的東西就是別人的真實生活了嗎？有太多太多前一星期還在曬幸福生活的伴侶，下一星期就爆出分手。有一些明星甚至去到訴訟離婚，終身形同陌路。近年韓國明星的新聞更是比故事更有故事性。他們在分開之前營造的生活只是一種對外宣傳的假像，而不是真實的狀態。

找到一個與你相處一天，一星期，一個月的人還不難。找到一個願意為了你一個人，而決心放棄其他選擇，終身陪伴的人難之又難，如果找到了，請好好珍惜有時看似平淡如水的生活，因為這是最真實的陪伴，這就是愛的實相。當你離開之時，你最想誰人在你的身邊，這個人就是你的最愛。不是因為年輕或年老，不因為美與醜，不因富裕或貧窮，這個人就是你的最愛，這種感情是最深厚的愛。而你卻去相信只有激情才是愛情真實的形態，為此鍥而不捨，只可能遍尋不獲。激情是短暫的存在，卻不可能持久，如果感情無法轉化，兩個人不斷高強度的關注及討好就會產生疲累，當這種疲乏日積月累，雙方需要不斷加大新的投入才能激起一點火花，曾經如何激烈的感情最終只會多了兩位陌路人。

大學宣傳單上不同學系的招生廣告中都是笑顏逐開的學

生，然而真實的大學生活卻是集齊甜酸苦辣的。不過廣告上只會看到甜，而忽略了其他的味道，這些味道也是重要的人生的體驗，有助我們成長。不過你若只追求甜味，一定會很失落，因為理想與現實會形成落差，學術圈也沒有大家想得那麼單純的。

網路世界每天可以接觸到的資訊之中，你會發現越偏激的思想越容易得到和應，越是客觀中立的訊息往往石沉大海激不起迴響。拍攝《小偷家族》等著名電影，以探討人性中的複雜性聞名的是枝裕和導演，觀測到網路世界之中的活躍討論者特別易受激進思想或言論吸引。我想其中一個可能性是終日流連網上世界的人較大比例是社會之中找不到自己位置的人。如果讚美與附和激進思想或觀點能快速獲得認同感，就會令他們有動機去參與其中，盲目地作出支持，並以語言及網路暴力去攻擊其他的聲音。人是群體的生物，對多數人而言即使生活比較封閉，總是有一種動機去參與群體之中。而網路的世界往往就有提供參與群體的捷徑，不用分青紅皂白，不用先去求證，只要罵人一起罵，起哄就一起上，明明自己是弱者卻找機會譏笑其他處於困境與下風中的人，還以踐踏別人為樂。有理性與良知的朋友千萬不要參與其中。是枝裕和很反對植入式觀點，他認為如果一部電影中有明確的宣揚某種立場與傾向，而觀眾看電影後鼓掌只是因為立場相同，而不是欣賞電影的本身，是非常令人不安的。創作帶領觀眾接觸與思考一個題目，與創作者帶領觀眾走向其單一的立場，是兩種非常不同的態度，而且高下立見。因為理解事物經過思考而得到的觀點，與因為別人提出是非論點就武斷地支持與反對，是兩種非常不同的境界，我希望更多的讀者可以做到前者而不要成為後者。

不少人年輕時都有非常強烈遊歷四方的渴望，希望環遊世界。我大學時代幾乎把所有賺來的兼職收入都用作旅遊，走遍了大江南北，口袋中沒什麼錢只能住在前門胡同的小旅館，那時候走過北京高檔的大飯店門口總想要是他日也可以住進去就很不錯，我要努力奮鬥。這種消費升級的渴望很強烈，也許也是很多人奮鬥動力的來源。旅行是一件好事，可以增廣見聞遊歷四方。不過只有旅行的生活，並沒有大家想像得那麼好。就算你要把世界所有主要國家遊歷一遍，其實馬不停蹄不出一年就可以環遊世界，只要資金充足不用兩三年就可以深度走一圈了。那你的人生是否就功德圓滿了，接下來幹點什麼好呢？再次出發，把相同的景點看兩次，三次直至看到不想看，你想想看，你身邊的朋友圈也看膩了。沒有了觀眾，沒有了被眾人關注特立獨行的快感，有一些人就會開始想停下來，想想下一步想做什麼，想找一個兩個可以落腳的地方，結束飄泊。飄泊的種子永遠長不成大樹，大樹總是需要深深扎根才能長成。這時候你同輩的人可能早已經找到事業上的位置，找到了屬於自己的跑道。而你才剛剛好停下來思索，有一些差距形成了，影響就是一生的。如果你找尋一下世界上較有成就的人生命中成長的軌跡，他們有半途中斷學業，有突然想遁世出走，有的陷入苦難，但他們很快就展開了人生的奮鬥，絕少選擇長期旅居飄泊。因為要做成事業，必須要有深厚的功力與持續的付出，專注並持續投入，是當中的關鍵。「飄」可以是人生中一種短期的狀態，卻不應該成為人生長期生活狀態，美其名為熱愛自由，卻以一生可能一事無成為代價。

不停的旅居不同的城市，也許最初感到很浪漫。其實繁華欣賞過後你只是如絮在飄，卻找不到一塊可以落地生根的地方。一個人可以在任何地方生活，一個有生命力的家庭卻必須要一個地方才能扎根。萍水相逢，點頭之交到那裡都可以找到，卻無法建立深厚的關係。你在外地時不過是一位消費者，你也不被什麼人所需要，是別人生命中的過客。偶有幾位飄泊旅者能以出書圈粉成名，又有多少人有條件可以複製此等軌跡。當你不再年輕時，再想建立固定的關係時已經錯過了時機，一切難以返轉頭。

年輕的時候飄一會，或者有想飄泊他方的幻想很正常，人到中年還只會飄的就不一定是什麼好事。人在生命中需要不斷轉變，由依賴父母的小孩，成長到可以自行探索世界，最後能建立承擔的能力，支撐起自己的一個家。有一些人成長至某一階段後心智就停止了進化，外表早已成年，心智仍停留在某一個成長階段。美其名是追隨本性，實際上更大可能是拒絕成長。

每一個人都要對自己的人生負責，有一些人終身只追求詩與遠方，這是個人選擇。其實人到中年以後，同齡的朋輩都會成長，你會發現他們對你遊歷的談資早已興趣大減，取而代之的是子女成長，事業發展，買車買房的實際題目。而你仍停

留在年輕流浪者的階段，只有再次出發到各地背包旅舍才能再次找到有興趣的聽眾。對最廣泛的人群而言，詩與遠方可以放在心中欣賞，以實際出發的做人處事，你的漫遊經歷可能比人少，少了一些談資，但你一生的成就與收穫卻很可能多得多。一份可發展的事業，對更多人的影響，被更多人需要，收穫自己的一個家庭，然後還可以在節假日繼續旅遊探索，你的詩與遠方也許從未改變，但你的人生卻變得深厚實在，以另一個更可持續的方法與途徑去繼續實踐自己的夢想。

請多面立體的去認識這一個世界，這是去旅行去留學時不一定觀察到的，因為你只看到很多生活的表像，總不會旅行時在酒吧跟人聊天時對方跟你說學生貸款又增加了多少吧！雖然我們仍有很多有進步空間的地方，但請珍惜我們已經擁有的，並用上自己的一份力量去保護這來之不易的一切，保持一份理性擁有獨立的思考，在力所能及下為社會的發展出上自己的一份力。個人理性客觀的聲音很易被各種更出格的意見蓋過，只有一個社會普遍存在客觀理性才能形成力量。我期待新的一代除了學科智慧以外，理性的智慧也得以發展，立體的認識到我們身處的世界。

獨立思考和而不同

學習歷史及文化有助學生保持獨立思考能力，不會隨浪逐流被一些未經檢視的觀點輕易影響。很多似是疑非的聽下去美好概念，其實背後都有其時代與社會的適用性。即使是以什麼美好元素包裝的理念，可以產生難以預期的災難性影響。大家可以參看一下歷史，社會的秩序能否維持是關係到千千萬萬底層家庭的福祉，不應被任何人利用來達至個人的成就或利益的。在幾千年的歷史長河之中，你可以看到各種的混亂狀況，有各種各樣的理念出現。如果你認真立體地觀察歷史，民粹主義及各種非友即敵把人群劃分不同派別的行為，都會令另一群力量較少的人受到迫害，透過所謂主流意見包裝的力量就可以堂而皇之地去壓迫另外一班力量較弱的人。其中二次大戰納粹黨對猶太人的迫害應該被人類歷史銘記。

獨立思考是社會穩定的重要基石。近年再次受到較高關注的烏合之眾（The Crowd：A Study of the Popular Mind）一書，其時代背景就是法國大革命的大混亂。大量的民眾被口號，斷言的反覆感染的愚弄，對事物的認知變成了簡單的二元對立。不用提供證據與論據的斷言反而產生更強大的渲染力，使用偉大而虛無縹緲的口號包裝下，扭曲我們對善與惡的基礎，即使是違反良知的，對別人身體及財物造成傷害，在受控制的輿論及媒體影響下，也會變成正義的行為。法國大革命期間在自由，平等，博愛之偉大口號下，對舊皇室以及一切疑似反對勢力展開無情的殺戮與破壞，連無可能對民眾做成任何傷害理由的小孩子也不放過。只要一群民眾投票認定某人是有罪，無需證據，甚至不需要審判就可以被推上斷頭臺。這種「自由」的世界，只是恐怖的代名詞，因為你永不知道下一個被認定有「罪」的人是誰。被打倒的一方陷入悲慘世界，失去最基本的人道對待，混亂失序，無日無之。

人只要在群體之中，就很容易受到集體意識的影響，甚至被無意識所控制。一旦群體走向極端，這情況下許多人就會集體喪失獨立思考能力。在偉大而不著邊際的口號的號召下，膽小的人也有了充當英雄的機會。虛構的傳聞不需要被證實，卻在傳播下變成了真相，而這個真相則可以成為了打擊任何對手的理據，社會陷入無止境的混亂之中。作者勒龐的觀察真的相當發人深省。只有教育及認知的普及，才有可能阻止群眾事件的惡化演變。這亦是個體獨立思考的重要性，在任何理由及藉口的包裝下，也不可以違反最基本的道德與社會公義。

有一些抽象東西，沒有人去提點你觀察的方向，你並不容易能自行去探索。如果什麼歷史文化都不去理解，即使你拿到了極高的學歷，有錢也過上體面生活的人在某些認知方面可能只是一個空皮囊。如果胡亂發表意見，很可能會誤導大眾。即使在某些界別擁有非常高的成就，在並不熟悉領域的觀點可能非常膚淺，這是因為對不同事物認知能力與工作能力和智力並非對等。一些認為歷史文化無用的朋友，對一些事情難形成立體客觀的觀點，因為他們的世界往往認為事物非黑即白。

我們聽了一場演講，讀了一本書，看了一篇文章，接觸到一些訊息，提供了對事物認識的一些觀點與意見。如果你能培養出獨立思考的能力，首先要考慮這些意見或資料的準確性。我自己在寫作一些文章書籍時，經常會看到網上的文字資料跟我手中另外一些較權威的源頭資料不符，明顯地是網上的小編把資料胡亂拼湊博點擊的。最有趣的是當某一個小編創作了一個源頭，其他喜愛複製的小編就會引用，你怎樣上網搜尋資料都找到同一個結果。或者由同一源頭文章衍生的多個版本在多個網站及資料出現，假的都變成真的了。求證是做學問與進行重大決策的必要步驟。對於別人的觀點不要盲目的接受，而要經過自己的思考。科學講求的是事實，如果科學理論沒被事實推翻，我們可視為可信，直至有新的證據出現才會推翻。可是人文世界的觀點卻沒法清晰分對錯，各說各有理，學者專家的觀點不代表一定是正確的觀點。我們需要自行對歷史以及現在的社會運行現實對一些想法作出獨立判斷。如果你沒有能力分辨，就先進行懷疑，而不應盲目接受與相信，尤其不要對不確定的觀點進行傳播，因為三人成虎，不一定正確的觀念在大眾傳播下就會被視為是不容思辨的真理。

和而不同是中國傳統的思想，是解決紛爭和平共存的一個良方。你可以完全不認同我的觀點，但即使我們意見不同，也可以和平共存，這就是中國人用了幾千年時間累積出來的大智慧。除了少數大是大非的原則性問題外，不同理念見解的人可以共存，而不會把自己的想法迫使對方認同，也不會把國際關係變成了非友即敵。就算我們獨立思考後得到一個結論，別人卻有另一種結論，大家可以就不同觀點進行理性討論，而不會進行漫罵或壓迫。為什麼中國傳統思想中會強調和而不同的精神，因為中國歷史上，每一個時代實在有太多人，有太多不同的聲音。其實很多時一家人內部也有不同的意見，更不用說一個國家了。所以除了大是大非的原則性問題以外，擁有和而不同的處世精神，這是一種很高明的智慧。

本著和而不同的態度，有時出現矛盾的雙方可以向前多走一步，先去理解對方堅持想法的形成原因與理由，在遇到較難處理利益衝突時，嘗試尋到一個折衷點，這需要擁有一種平衡各方立場與利益的智慧。如果各方都只堅持自己的偏見及觀點，而毫無意願進行任何形式的讓步，矛盾及問題就無法解決，這樣很可能會演變成無法調和的衝突。

我們必須要理解到有益的獨立思考是建基於廣泛的閱讀以及對事物的立體認知之上。如果單憑簡單資料就作判斷反而會變成武斷，而失去獨立思考的原意。而當個人的武斷影響到群體行為時，就可能會形成極端思想在群體中散播。這時候，你就明白中國傳統和而不同思想的價值，可以避免思想走向偏激，容不下半點與己不相同的觀點與意見。

和而不同的核心是把我與他人都視為環境整體的一部分，

並予以尊重。和而不同的精神應用在國家層面就像把人類的共同利益視為整體一樣，不同立場背景的國家也可以坐下來一起商議如何保育全球生態及資源。在和而不同的精神下，即使我跟你持有反對的觀念，我也會嘗試理解你的觀點形成的原因，這樣處事才更有可能為對立的雙方找出一個彼此能接受的解決方案。如果以單極思維，武斷地以個人思考視為真確，就會很易引起人與人之間不必要的衝突。如果影響到國家層面，就成為了霸權思維，只強制別國接受自己的觀點與條款，對世界來說隨時會引起各種可怕的災難。在當今之世，和而不同的精神更須要在個人以及國際之間推而廣之。

弱肉強食的思考

在中國文化之中，弱肉強食並不是我們推崇的理想社會形態。中國人不是反對競爭，而是競爭中也講求有序，即使是社會中的弱者在競爭中落下了，我們也會予以幫助。因為社會是一個巨大的整體，我與他人都是社會的一部分，我與他人的後代會構成將來的社會。整體社會變好，才是最值得尊敬的行為。從大禹治水的故事開始，中國的英雄人物都是為群眾的最大福祉作出巨大貢獻的人，而我們很少對強者進行崇拜，也不會對征服他國視為什麼偉績，如果不是保衛百姓而被迫參戰，只是追求個人武功而進行征伐，更多時只會被後世史家批判為過度好戰而消耗國力。這是中國文化的一個非常獨特的特徵。就算一個時代的人嘗試扭曲歷史，下一個時代的史家都會嘗試作出更立體的評價。

那些在中國歷史上經歷不同朝代仍能被百姓歌頌的人物，既不是戰神，也不是最強大的力量，而是那些為人民為百姓的生活與安定作出傑出貢獻的人。比如李冰父子與開鑿都江堰的故事，他們的努力令四川盆地成了天府之國，經歷了二千多年後故事仍然一直傳頌至今。大家看三國演義的故事的時候，主軸是劉備建立蜀漢的事蹟，最吸引讀者眼球的除了是戰鬥的情節以外，還有一幕帶領十萬新野居民撤離，在長板波與曹操軍激戰的一段故事。在危難時用盡全力保護人民的人，才會得到評論家最大的掌聲，那怕故事只是虛構的，聽者也會津津樂道。因為中國人愛戴的人物，都是那些造福百姓生活維持社會安定的人。能在中國真心被崇拜與尊敬的人，不是以武力或以權術獲得財富與地位的人，而是那些付出巨大努力幹實事造福社會大眾的人，即使再過千年也難以改變這一種歷史與人文態度。

相對而言，西方文化中更多時講求征服，對大自然的征服，對不服從其文化者的征服，對不認同其制度與理念的作出征服。你敢不服，打到你服。只有強者才有話語權，歷史是由勝利者書寫。當你明白了這一套邏輯，你就會想明白很多事情。羅馬帝國的鬥獸場，曾不斷上演格鬥士至死方休的殘酷決鬥，而這種如此殘酷的競技卻深受羅馬民眾的愛戴，在羅馬帝國時代的不少皇帝都以舉辦格鬥來取悅民眾，甚至有身為皇帝的康茂德（Commodus）親身上場作生死格鬥博取人氣。在一些具擴張性特質的文化之中，崇尚以力量壓制征服的思維其實非常普遍。在某些文化之中，尤其是處於底層比較少與國內外文化思想碰撞過的群眾之中，他們心中認同的是力量的強弱，甚至崇拜力量，而不是公義。弱者是不值得同情和可憐，弱者應該跟強者較量，直至強者被弱者打倒，弱者才會受尊重。當一九三零年代歐洲出現種群打壓之時，為什麼在最初予以實際行動介入干擾的國家不見蹤影。因為公義只是口號，更多時是用作攻擊別國時可以用上的理由。如果對方的力量較己方強，或者是沒有勝算，公義最多只會是嘴皮子動動的外交表示，謹此而已。

這世界也許存在普世認同的國際公義，可是卻沒有必須被執行的國際公義。當你把不同角度的歷史資料看多以後，對真實世界的認識加深了以後，也許會有一些不同角度的想法。若然不是國家直接受到攻擊，除非參與干預有明顯的資源及利益回報，或者涉及國家安全的重大威脅，否則在絕大多數情況下，干涉會止於外交及經濟層面。在缺乏利益驅使下，在外交協定原先簽好的國際條約，要麼不予執行，要麼直接撕破。德蘇互不侵犯協議，在一九四一年納粹德國解決歐洲大陸的主要對手後被撕破。而蘇日中立條約，在一九四五年蘇聯解決了納粹德國這個主要對手後被撕破，其背後的動機是赤裸裸的利益。如果純粹為了公義，為什麼侵華戰爭進行得最激烈期間沒有出手，而在最終對手必敗下過來撿便宜。驅使條約執行與否的絕非誠信與公義，而是時勢下最大的利益。在國際間，很多時公義並不是不同國家首要的追求，更多時公義只是不同國家謀求在紛爭中的最大利益的理由，如果公義與國家總體利益不符，絕大多數國家不會為了純粹的國際公義作出實質性的犧牲。這個現象今天不會改變，明天也不會改變，將來也不會改變，除非干預有絕對勝算，而且進行干預合乎國家的最大利益，否則沒有誰會真正的採取實際行動。

二戰中德國全國的社會經濟損失慘重，許多城市淪為廢墟。也許你會認為很多德國人心中恨透希特勒。季羨林當時正身處德國哥廷根大學，他觀察到戰爭結束後真正恨希特勒的人並不太多。也許因為希特勒曾經為德國帶來了力量，也代表了巨大的榮耀，很多人在內心中是崇拜的。希特勒自殺後，還有大批士兵在國會大樓跟蘇聯紅軍進行殊死戰鬥，整個德國幾乎跟從希特勒戰鬥到最後一刻才投降，這必要有極強的意識形態才會作出這種選擇。情願戰死都不願當懦夫，很可能是其中一個主要驅動力量。在戰爭結束數十年之後，即使倫敦廣播電視台及其他媒體訪問一位二戰後仍在世的前德軍軍官，他認為是因為他們戰敗了才被審判式質問，如果他們戰勝了，歷史及評價將會完全不一樣。即使戰後出生的新一代德國學者，在紀錄片中講述德國如何以閃電戰橫掃歐洲時，仍難掩眼中崇拜的光芒。大家要明白力量崇拜在很多文化之中是多麼的根深蒂固的存在。即使教育嘗試影響新的一代，而存在於社會層面文化之中是很難改變，因為很多史家發現力量崇拜有超越時空的能力。正如法國人沒有多少個會因為帝制而討厭拿破崙這一位風雲人物，他代表法國歷史上最輝煌的一個時代，力量鼎盛時期幾乎橫掃整個歐洲大陸。

力量崇拜當然不單在西方出現，其實任何地方都存在，只是在一個時代中是否主流而已。明顯地日本的軍國主義核心精神也有著強烈的力量崇拜色彩。他們除了以武力壓制對手，推崇被狂熱者扭曲的武士道精神，還變異出玉碎這一種連西方力量崇拜者也沒想過的新事物。玉碎的核心精神是如果不能戰勝你的敵人，也不可以被敵人征服，所以把自我像玉砸碎一樣自我毀滅，還要加入一點自殘元素才顯得自己不是懦夫。在二戰中，著名的日本漫畫家水木茂被強徵入伍，在太平洋拉包爾島的戰鬥中，被強迫參與毫無意義的自殺式玉碎行動，行動純粹把一個連隊推去送死顯示軍隊戰鬥到底的決心，以一隊人玉碎戰死作為其他連隊學習的「榜樣」。水木茂在行動中奇蹟生還後返回部隊還被視為是懦夫，差點被處決。他的一些作品如《全員玉碎》，《漫畫昭和史》之中滲透強烈的反戰思想，質問為什麼戰爭中可以把人性扭曲至生存也是罪行，人連螻蟻都不如，至少螻蟻尚可以偷生，被強徵入伍的士兵在戰爭中連軍事物資的地位都不如，早已失去了人的身分，只是戰場上的一個消耗品，被迫作出毫無意義的犧牲，把年輕的生命白白推去送死。他努力地提醒人們千萬不要再重演這些悲劇。

理解到世間存在力量崇拜，才會明白到為什麼有一些人群會這樣殘忍對待他人。因為他們會尊重戰鬥至死的對手，而不會尊重任人魚肉的弱勢群體。他們會認為沒有力量的人群，理所當然的可以被踐踏，而且會標籤對方為「懦夫」這一個力量崇拜者感到最噁心的標記。如果你想要得到力量崇拜者的尊重，談判說理是毫無作用的，即使你再弱小，你必須要把對手打到痛，打到對方沒有消滅你的意欲，尊重你的發展與生存空間。你不跟這種力量崇拜者打下去，以和為貴處處退讓，對方就會得寸進尺，而且從心底鄙視你，那天心情不好時把你打得更狠。明白了這個道理，你可能會想明白很多不同的國際現象。

中國傳統哲學裡，最受尊重的是幹實事的人，不是喊口號的人。以武力服人，只能臣服，以德服人，卻可以心悅誠服。

我衷心希望傳統文化被淡化的今天，主流思想不要被強調競爭與弱肉強食的力量崇拜思想所取代。力量不一定指武力，財富也是一種力量，擁有財富的人，也請思考如何善用你手中的財富，絕不應該任意踐踏力量不如你的他人。

建設者的適用性思考

一個社會需要不斷的建設才能進步，今天的社會是一代又一代人努力建設的結果。可是建設很難，破壞卻很容易，短時間的破壞足以摧毀長時間的建設的成果。當社會上有更多的人當建設者，社會才可以不斷向前和發展。對於一個社會公民而言，個人最關心的往往是自我生存與發展，自由與保障。這需要通過自身的努力，社會有秩序運行才有可能達到。

在一個理想的社會形態之中，人們各自努力做出貢獻，社會資源被有效分配，奮鬥者與建設者獲得回報與獎勵，能力較弱者亦得到相應的基本生活保障。個人生活自由，安全受到保障，社會有秩序運行，公民權利及私有財產受保護。政通人和，安居樂業，這就是量度治世的標準。

人類出現後，由部落演變成城市，再演變成國家，是人類的自然本能驅使的必然結果。在部落年代，戰爭不斷，安全無從談起，那天隔壁村落不喜歡就過來戰鬥，隨時都可能被消滅。為了自保，更多的部落就會連結共同保衛，更大的部落聯盟漸漸演變成國家。國家提供了非常必要的安全保障功能，才能防止外部引起的戰亂，令百姓可安居樂業。如果國家衰敗，外患內亂同時出現，產生巨大的破壞，百姓流離失所，國破家亡，歷史上就會稱這些時代為亂世。

威脅社群的不一定是人類行為的本身，地震，火山爆發等天災發生後，我們需要政府去組織最強而有力的救援。如果火災沒有及時控制，就可能摧毀整個社區。如果社區的排水防洪系統有缺憾，一場水災就可以把家園變成澤國。如果一個流行性傳染病爆發，比如流感大流行以及各種能以空氣傳播的病毒，沒有政府在病情出現初期以最高效的速度阻止以及對患者進行有效隔離，一旦開始出現社區傳播，後果將會不堪設想。而這些都會干涉到個人的自由，你必須要干預患者在痊癒或至少失去傳播能力前自由移動的權利，否則有大量的人會受到感染。一九一八年開始大規模爆發的流感在數年間估計奪取了超過五千萬人的性命，比起一次大戰引起的直接傷亡人數更多，千萬不要以為流感只是小小病毒而低估其巨大殺傷力。沒有政府去管理，去準備天災應對，去應變各種病毒的威脅，很易演變成巨大公共災難，你應該明白有效公共管治的重要性。

人們很自然的喜歡治世，因為這是社會大眾利益的最大化。可是在任何時代，任何社會之中，都有人喜歡混亂，因為混亂會令大多數人有損失，卻會令少數的人獲得利益。治世總體在建設，亂世總體在破壞。作為一個普通公民，要盡自己的一份力去保護來之不易的社會秩序與穩定。無論在經濟上，無論在權力在分配上，混亂會令小數人可以混水摸魚。如果社會運行良好，破壞分子就無機可乘，只能以一些口號或意識形態影響他人。一旦找到機會的缺口，他們就會乘勢而起。最著名的例子要數一九三零年代全球大衰退，令希特勒有機可乘掌握權力，形成歐洲以至全人類的災難。一九二三年的日本關東大地震引起的混亂，加上後來全球經濟大衰退的負面因素，間接幫助了軍國主義派抬頭。由經濟問題引起內亂，最終演變成外亂，把戰爭和混亂輸出到別國，引起二次大戰的世界級災難，歷史的教訓我們不應該忘記。沒有強大的國防保護，別國的混亂也會嚴重影響到自己的國家。

對建設者而言，有時候產生真正破壞力的力量不一定可以簡單識別，而且最初的出發點不一定是惡意，可是出於善意之名的舉動產生的破壞力更大。很多的意見，甚而理論，言之鑿鑿地提供一些觀點與處理手法。看上去無懈可擊，卻不考慮建議是否合適於對方。在一些地方可以運行良好的制度，在別的地方，在不同的條件要素下，卻會引起重大的災難。汝之蜜糖，彼之砒霜。俄羅斯聯邦成立後想改革經濟體系，由計劃經濟改變為市場主導經濟。他們聽取了美國學者利用看似無懈可擊的經濟模型提供的建議，沒有採用更穩當的漸進式改革，採用了激進大爆炸式市場化改革，造成了物價飛漲，經濟混亂，寡頭壟斷，並引起長達十年的經濟停滯。沒有嚴謹地測試適用性與有序推行的變革，許多時都會引起意想不到的嚴重後果。

相對俄羅斯當年的狀況，中國同期的改革始終有摸石頭過河的實踐精神。評估到某些改革有利社會，會先進行小試點運行，再擴大試點，再推行至全國。這種不盲從理論，重視實踐

與尊重現實客觀條件的精神，令中國在發展過程中得以避免一些在國外出現的重大問題，經濟及社會得了極大的穩定發展。展望將來，實踐精神仍然是重要的原則。處理重大事情採用循序漸進的原則，社會能有秩序發展，這是影響未來發展非常重要的理念。

我們要理解到這世界是多元，而非單一的。不同的地方有多樣性的社會結構，文化與歷史背景，沒有任何一種模式可以直接套用全世界。新加坡的簡單低稅制，鼓勵奮鬥而輕福利，社會在數十年間快速發展。瑞士及北歐很多國家以徵收高額累進稅推行偏向福利主義的社會模式，人們一樣安居樂業，經濟也有發展。兩種模式也是合適當地，不同的模式可以在世界上共存。如果戴上單向思維的有色眼鏡，認為這世界只有一套模式，不照板跟從就是錯誤與落後，抱非黑即白的思維，就無法看清楚事實的真相。這世界並沒有最完美的經濟與社會制度模式，只有是否適合當地因素的模式。有識見的公民會在心中建立理性的認知，並清楚事實與偏見，理解不同模式的社會及時代適用性。遇有難題，大家一起協商，求同存異。若果公民之間沒有普遍建立一定的識見，很易就會被各種議題，混亂與紛擾破壞，建設就會停滯。理性教育與認識歷史是最佳的預防，即使身處治世中也不要忘記憂患意識，因為這關乎我們自身以及下一代的最大福祉。

承傳

文明像一條長河
這條長河是由個體構成
失去承傳就會斷絕

孝與文化

在中國，只要你學會中文打開了閱讀中國文學之大門，你總是躲不開孝文化的教育影響。幾乎多數文學作品中都有大量與孝道相關的因素存在，在中國文化中我們很少會只純粹以自己感受做決定，當然如果你的文學世界只有流行的網路小說就不好說了。傳統文學作品和寫作商品的差異真的很大，商品更易於傳播，作品更易於在時間長河中留存，而作者的平均水準及個人閱歷差異在文學出版領域與網上平台的可謂差之千里。如果是培養小孩學習為目的，我建議先引導他們欣賞傳統的文學作品，因為我們文化中的許多善的元素會滲透其中。而網路作品作為生活的調劑也是有其價值的，而且平台開放有利更多人能參與文學創作。只是從教育價值的角度，我們應該在孩子小的時候作出一定引導，慢慢培養鑒別作品的能力，培養出廣泛閱讀的習慣，這是一種可以陪伴終身的興趣。

在一些強調個人主義的國度，有部分父母的角色就像建了個巢，把窩裡的蛋養大，然後等鳥羽翼成就順利飛走，子女過自己的人生，不用再回頭，父母的責任完成了，大家獨自過活。這種觀點的好處是子女背上承擔的負重最少，能當一個無拘無束的追夢者，飛得爽爽呼吸完全自由的空氣。乍聽下去追夢沒什麼不妥，問題是如果連最親近的子女都不作關注，父母老後誰還會關心，是社區還是政府的福利機構？

而這個飛得爽爽的朋友估計都沒有太強的責任心與長期承擔能力，怎麼可能成立穩定的家。可能發展出多元的關係，出現偶然的子女組合，然後子女繼續自生自滅式的「自由成長」。看看那一種子在惡劣的環境下仍能逆境成長，比如畢業於美國耶魯大學法律系，寫下《鄉下人的悲歌》（Hillbilly Elegy）一書的萬斯（J.D. Vance），其成長過程中家庭成員不斷需要重組再重組，母親到年老之時仍戒不掉毒癮，萬斯卻能自立成材，這種個案可以有多少，少得都可以出書了。又或者乾脆一點崇尚獨身主義，唱首歌表達其實自己一個更開心，然後過上無緣人生。日本NHK媒體出版的《無緣社會》一書，書中的無緣老人離去後需要被政府處理，連灰都無人願意認領，本來人離去後還會活在他人的心中，無緣人生離去後只剩像垃圾般被棄置，這是多麼可悲的生命歷程。

如果你喜歡自家人各自飛翔，老來各安天命，這是你的選擇。但對一個社會而言，這種狀態非常不利於社會持續發展與承傳。如果子女普遍地不用理會祖輩，子女成長後也會預期即使有下一代老來也不會顧及自己，沒有了延續生命的快樂動機，只會把後代想成了負擔，而不認為是天倫與快樂的泉源，社會就會開始萎縮，最終消失，幸福快樂是生命之本源，不可不察。

感恩與回報

中國人常說飲水思源，滴水之恩湧泉相報。報恩與孝文化是中國文化中最為明顯的特色之一，即使全球文化也會對家庭關係重視，但鮮有文化把孝道推至如此重要的個人準則。

現在社會的資源越來越多，反而感恩的文化越來越薄弱。很多人視父母給的恩惠為理所當然，甚至還嫌不足，如果你聽過身邊那些普通家庭的爭產個案，可以完全把情份掉到十萬八千里，請不要以為事不關己。這不只是學校教育就可以解決，而需要家庭層面同時發揮影響。而影響不在於你跟孩子說教，繼續訴說左耳入右耳出的人生大道理。其實孩子是一塊海綿，會吸收身邊人的真實行為影響，而不是語言。比如父母本身如何對待長輩，如何平衡親友之間的關係，會很影響孩子長大的待人處事行為。

中國人的孝道也是很有智慧的，其實中國傳統文化並不支持愚孝，盲目地全盤接受父母的意見也不是為人處世的標準。中國人的人倫關係的核心是父慈子孝，兄友弟恭。你看得出這是一個相互正回饋的概念，父親好好對待兒女，兒女亦對父母盡孝，這是發自內心的孝道行為，而不是門面或被迫的行為。父母對祖輩盡的孝行，子女會看在心裡，潛移默化，將來比較大機會可以建立起孝的意識。

那問題來了，如果父母生而不教不養，子女對父母的恩情比較淡薄就應該可以被理解。這倒不是個別地方現象，印度近年亦有把此題材拍成電影。事實上現今社會生存壓力巨大，也有很多家庭由於父母都要努力工作以維持生計，出現只能養育而不能直接教育也許是無可奈何。但即使自身難以在孩子身邊直接教導，訂立一些教育計畫，對行為成長訓練設下目標，在有可能的情況下儘量抽出一點時間作陪伴，也是可行的替代方案。我知道工作過後的勞累，你很可能只想好好休息，還要花上僅有的休息時間投入心力去教育下一代並不容易。可以考慮一下家庭之中有沒有什麼人可以作出支援，不可能把所有擔子加在自己身上。如果情況不許可，最少子女看到你有盡力去安排，他們心中也會存有感激。

親子關係疏離這種情況在我父輩中也有親身的感受，那個年代的一些長者與子女的互動主要在於施予基本金錢及生活支持，基本沒有什麼溝通，親情較淡薄。即使有空餘時間，兩代之間有時相對亦無言，在人生最後階段這些子女當中有人願意出來打點已是比較好的情況，顧及施予養育的恩惠。不過很可能即使祖輩離開了也擠不出眼淚，一切都是淡然。更甚者幾房後人，屍體未寒，因遺產分配問題大打出手，老死不相往來也是時有所聞。所以家長除了顧及賺錢養家，在可能情況下把空餘時間多與子女互動，這些親情也是需要培養的，這是父慈子孝關係能夠形成良性互動的重點。

富裕家庭的子女，與父母關係好的又有良好溝通的比例往往不比普通人高。親子關係並不是金錢可以建立的，而當中的關鍵是父母與子女有沒有日常的良好互動，父母樂於與子女之間分享溝通，子女也樂於把自己的開發告訴父母。這並不是一年之中找幾天去一次旅行，把難得的照片放上網去曬幸福就可以達成。這是父母與子女的長期互動，一天又一天地累積才有成效的。而且父母還要按照孩子的成長過程，不斷調整自己與子女之間的最適當的距離，在該放手的時候就開始放手，長大後他們就有自己的世界，你也要保有自己的世界與個人樂趣，以免過度干預成年兒女的人生，在背後作出支持就好了。什麼樣的距離才適合就沒有標準答案了，這會因家庭與環境而異，因成長階段而異，親子關係合適的尺度就要你自己去找尋了。

當你觀察如美國這類移民國家，由於缺乏統一的文化與歷史背景，很多家庭之間的相處狀態近乎處於平行時空。即是某些家庭的關係非常緊密，也有為數不少的家庭內部關係相當鬆散，這很受移民的自身文化的影響。所以我們不應該把自己接觸的少量外國家庭就認為是常態。在美國這類移民國家，並不存在主流傳統文化，很難進行任何定論。但總體而言，東方社會的代際連繫比較強，在商業在社會中的人際關係相對較為強調，比較有人情社會的傾向，比如日本就很多家族式企業承傳過百年。代際相傳的事業在東方社會中很常見，而西方比較少出現這種強力的代際利益緊密連繫的關係。

播下善的種子

知名的慈善家邵逸夫先生熱心於推動教育，並設立了邵逸夫獎影響後世，至今在中國許多大學中都能找到以邵逸夫命名的大樓。邵逸夫被認為是一個苛刻甚至有點過度節約的老闆，在經營上能省則省，在慈善上卻如此慷慨，看似有兩種性格。其實他清楚經營事業與慈善的差別，無法獲利就無法生存，事業倒閉了員工也要轉工作了。而投放教育的種子，是手中有多少就可以放多少，這是兩個獨立存在的系統，一個是為了獲得，一個是為了給予，取之社會用之於社會，當中並沒有人格矛盾。所以我們要把經營事業與慈善有清晰劃分，一門事業以慈善方式經營，如果不是公營事業單位，其結局是必然倒閉。而經營中累積出來的個人財富，則可以自由選擇支配，捐助與否只是個人選擇，我們不要胡亂加上道德的標籤。

長時間位居華人首富榜的李嘉誠先生把一生財富近三分之一數以百億計的財富用作基金會作慈善，而且他是非常有計劃地運用與管理這些金錢，有明確目標地投放到對社會長遠有最大價值的醫療與教育項目之中，授人以漁而不只是授人以魚。他早已把財產在後人之中安排妥當，不會出現爭產的情況。在中國人中，能做到此等兼顧社會家族情理安排的實屬小數。即使印度最富有的信實集團家族，也難逃爭產的命運，韓國的樂天集團爭產更富有戲劇性。如果有作者想以全球富人家族因財失義的故事作題材，由於情節異常精彩，應該可以寫上好幾本書了。而美國首富的比爾·蓋茨找了他的老友股神巴菲特一起做慈善專案，在文教醫療衛生方面做了很多貢獻，把自己一生積累的相當大部分用於改善這一個世界，造福後代。不要以為蓋茨是偶然行善只為作秀，蓋茨其實受到他母親熱心社會事務與公益的重大影響，在他的年幼時代種下了一些難以動搖的信念。如果他生於某些純粹拜金家庭，可能只想思考如何成為世界最強的商人，以踐踏他人成就不如己為樂，而不會思考如何幫助那些素未平生的人。這些思維的形成，與教育和培養有關，這些人的善良行為是值得尊敬的。

社會上有更多的人自發地去幫助他人與善行自然是好事，可是壓迫他人行善就失去了意義，而且也並不適宜的。一個人努力工作，繳交應付的稅項就是公民最應盡的財務責任。努力工作創造更多的納稅貢獻，個人已經完成了他對社會必須負上的責任。一個企業努力經營獲利，繳交了相關的所得稅，就是完成了社會規範下的必要責任。沒有人應當在別人完成社會的必要責任後再強迫他人額外付出。如果這種付出被全社會視為應當的，應該由社會推動去改變稅制，以清晰公平透明的制度去調整社會資源的分配，而不應以任何道德理由強令他人負責超出他們應盡責任範圍的事務。

說一個大家可能都聽過的故事，一個村莊正在討論大家募捐修一個福利專案。有人建議最有錢的幾戶每人出一份大錢，

大家在拍手稱快。有人建議有多餘房子的捐出來，大家又拍手稱快，連連叫好。有人建議擁有豬牛等牲畜的也捐出來，大家就默不作聲。因為大家不是最有錢又沒有多餘的房，但村子中多數居民真的有養豬和牛，真要從自己手中拿資源就不願意了。正所謂己所不欲，勿施於人。不想失去已經擁有的資源是人的本性，誰也不應在法律訂立的稅收以外額外以道德為由，強制他人作出捐助。社會需要明確的保護合法得來的財產，制度越清晰透明，勤奮者就會確信其一切努力工作的成果不會被任何人以任何理由與道德綁架隨心所欲的掠奪，合法所得在扣除社會認為必要的稅收義務後可以自由支配。長期持續奮鬥的個人動機才得以確立，社會才得以被自發的力量驅動前行與創新。人類社會在此議題上做過許多大規模的實驗，沒有任何社會的底層公民能長期持續不需要動機與反饋就不斷努力用心工作，模範人物只出現在描述的世界，而不可能廣泛存在於真實的世界，因為這些行為模式有違人性。

行善也需要量力而為，最好能以不影響日常生活為基本原則，比如以非必要的閒置資源或部分可持續收入作幫助。當然如果是有能力者，成立一個機構或設立相關基金回饋社會也是一種有意義的資金支配選項。即使如耶魯大學基金會，受大量校友回饋累積巨大，亦只會以校友捐助的投資回報部分作可持續的分派，而不是高速消耗損助者提供的本金，這是一種持久行善的智慧。個人如果過度行善，把家中所有積累清空，反過來自己要拿社會救濟生活，那就不是什麼好事了。有一個必須解釋明白的重要原則，幫助他人是善事，強迫助人或損耗式助人，令自己或家庭生活困難，好事便變成了壞事了。

如果接受了別人的幫助的人，最好的表現是對幫助自己的人表達感謝，並當將來能力漸強時在自己適合的能力範圍內幫助更多的人。這就是對最初助人者的最佳回報，把受惠的人群不斷擴大。接受別人幫助者有時會想　去曾經受人幫助的歷史，很多人總想把所有成就歸於自己的努力，而對曾經的貴人視而不見形同陌路。最惡劣者甚至會中傷他人以便否定對方曾經的幫助，甚至可能反過來說自己才是幫助者，他人才是受助者。這種情況在商場，在職場屢見不鮮。助人者在付出以後，往往不要期待想有什麼回報，被助者最低限度也千萬不要恩將仇報去傷害曾經幫助你的人。

曾經幫助你的，可能是陌生的善長，可能是師長，可能是你的朋友，可能是你的父母。不要以他們對你不如誰好，或者他們再沒能力施予，就否定他們對你做過的幫助。知恩報恩，我們的善行才會有延續的可能，否則行善的社會影響鏈，就會很易被一些人的惡行切斷。

當自私自利變為常態，故意占人便宜視為聰明，那是行善的人只會倒楣的日子，助人者要思考的就不只是我的善良還要有點鋒芒那麼簡單了。這種情況下還有誰願意幫助身邊的人，還有誰願意當家長照顧只會苛索的下一代。感恩的文化是對社會承傳與發展的重要影響因素，這會直接影響社會的幸福感，是一個不可以低估影響力的社會發展因素。

文化與承傳

前面解釋了這麼多，你應該瞭解到為什麼重視孝文化的中國能在歷史長河中如此有生命力，即使歷代經歷過社會動盪，有時崇尚霸道，社會秩序蕩然無存。只要中國的語言及文化沒有消失，中國文學與歷史的書籍記載沒有被盡毀，擁有中文吸收力的某些新一代從文學歷史中吸收到養分，傳統的承傳文化就會再次在新時代中復活並進化成長。這就是華夏文明的根源性精神，能夠有超越時空的生命力。

如果新一代不懂中文以及脫離了中文歷史文化影響，就等於自斷了文化的根部。有幸的是千百年來中國縱使有無數入侵者，卻從來沒有一個政權消滅了中文與文化，反而被中國文化同化的不在小數，許多文化與思想經歷多少社會變遷仍能承傳至今。

如果有學生問歷史與中文老師為什麼要學歷史文化這些不能賺錢的知識，其實中國歷史這是中國人自我認同與價值準則的根，那些歷史故事裡形成個人行為準則和認知，歷史裡藏著中國人用了數千年時間累積立身處世的根本智慧。不去學習理解歷史與文化等於切斷了中國文化的根部，內心中就失去了價值與處世態度的承載了。

那沒有這種認知關你我什麼事，我就喜歡我行我素，這是你的個人選擇，沒有人需要干擾。但如果有中國文化的根，當你瞭解到中國的祖先們在歷史長河中面對侵略或者社會動盪時受過的苦難，你會懂得珍惜和平與穩定。你也會明白歷史上國內外有多少人嘗試透過動盪得到利益，最受苦的卻是底層的人民，你會對一些人一些事有自己的判斷而不會道聽塗說。千萬不要以為這是事不關己，愛好和平穩定，和而不同相容並包是中國的傳統，這種傳統思想在社會中的普及有利於你以及你的後代的福祉，千萬不要低估歷史文化對社會產生的真實影響。

歷史與發展

真正吸收了中國文化的個體，懂得在日常生活也照顧鄰居與社會的感受，而不是把自己的利益置於他人利益之上，學會採取平衡之道，與天地自然和睦共處。明白到歷史上國家必須要強大才能保護社會穩定，令底層百姓能安居樂業，繁衍生息。每一次的社會大動盪失去了秩序，受害最深的都是底層百姓，流離失所家園盡毀。

孔子晚年時由楚國往蔡國的路上，在一處渡口附近迷路，向附近耕作的人問路時卻慘被譏笑。渡口附近耕作的人笑說孔子應該自己知道出路在那兒，現今天下變革洪水滔滔，誰都無力改變。孔子十分感慨，雖然天下無道，自己卻義不容辭去承擔起社會的責任，在亂世中重建社會秩序，知其不可為而為之。建立社會秩序，不是為了約束，而是為了保護最底層，最無力抵抗戰亂與社會動盪傷害的百姓。

人生活在社會中有道德界線作第一重的約束，然後才去到法律界線進行第二重的約束。當亂世出現時，法律也會因失去有效執法，法治沒有被社會廣泛遵守而失效，演變成天下無道。一些人會因社會混亂，資源重新分配而獲得個人利益，混亂有可能持續一段時間才能結束。混亂的持續時間越久，對社會及人民生活與福祉的損害就會越大。當多數人的利益都受到混亂而出現損失，重建秩序就會成了民心所向。歷史上這時候多數會有英雄出現，以壓倒性的力量重建社會秩序，結束混亂局面，所謂時勢造英雄，就是這個道理。而中國與部分西方國家處於長期均勢狀態較為和平的狀態不同，一旦國家出現衰弱，很易就會被外部入侵，並引發非常嚴重的動盪與破壞，甚至有家園盡毀人民流散失所的情況，歷史上沒有什麼國家經歷過中國相似的苦難，所以發展出有總體社會向心力的道德與哲學思想有其必然性。

漢朝建立之初，百廢待興，儒生陸賈對漢高祖進言，「你馬上得天下，豈可馬上治天下？」這是指擁有強大力量者可以一統天下，但不可以武力長久治理天下。要治理天下先要重建秩序，重建秩序首先要重建法治。當年劉邦先入關中後約法三章，懂得約束部下，治亂世必用重典重建秩序，深得民心。但單靠法治，只界定了什麼事情個人是不可以去做，卻沒有界定什麼是應當去做，什麼處世方式是最適宜的準則，還是有所欠缺。這時候孔子等哲學家提倡的道德方案就派上用場了。所以當漢朝社會發展達到一定水準後，社會民生開始穩定下來，到了漢武帝時代重視儒家思想幾乎是必然的選擇。孔子也許沒有估計他的思想在戰國時代的亂世中虛弱無力，在日後的太平之世中才有了茁壯成長的土壤。

中國的儒家為主流的道德約束在日後的二千多年中經常成為主流。因為這些個人行為標準合乎當時社會的需要，儒家精

神強調入世，重視承傳，中國千百年來也是人口眾多，亦不能如小國般靠移民輸入勞力就能解決問題，如果沒有新一代的延續社會就會衰落。對個人自我要求而言，講求自我約束，顧己及人，長幼有序，親疏有別。因為任何人都有老去的一天，老弱能被照顧，由近及遠幫助身邊的人，這相當合乎人類的社會天性。相對而言強調兼愛的墨家，在社會實踐上極為困難，只有「無愛」的世界可以實踐對任何人無差別的絕對「兼愛」。墨家忽略了人性中的本能動機以及個人資源的有限性，對待別人的孩子完全等同自己的孩子，對待別人的父母等同自己的父母，只有崇高理念卻無法在真實的人倫世界推廣與實踐。

問題是為什麼儒家學說在近代曾經被嚴重醜化，這是因為中國自清朝的帝制被推翻之時，儒家思想被標籤成封建世界的一部分，幾乎變成了迂腐甚至扭曲人性的代名詞。封建禮教被描寫成會吃人的可怕思想，是不同時代的人演繹儒家思想時出現了變異。這是一種相當狹窄的思想，歷史上企圖把凡人弄成聖人的倫理學都是以失敗告終。後人不應把傳統的智慧全盤否定。失去了原有的道德而為人的標準，新的標準就能乘虛而入，而取而代之的，就是金錢至上的人生哲學，賺得到錢才是硬道理，賺了錢就是為了花錢去縱欲，這何嘗不是走向另一個極端。

中國傳統精神重視人性，亦瞭解人性。英國人阿當史密斯出版的《國富論》中，強調努力生產後獲得的回報與獎勵的自利動機對社會的重要性，這亦是出自對人性的瞭解。人類可以在一段短時間內喝了精神雞湯努力生產，時間一久單靠心靈雞湯就不行了。有些商業機構對老員工提供不合理的低報酬，老員工不斷流失，需要不斷聘請新員工進行心靈雞湯教育，也就是同一道理。個人自利行為有促進生產的作用，自利同時利他絕不是壞事。只是我們要對一些損人利己的自利行為加以約束，比如管制污染環境的生產活動。縱使儒家思想中的禮與樂的規定不再合適當今社會，但其核心的精神在過了二千多年後仍然是很有參考價值的，因為千百年來深層的人性從無重大改變。

傳統思想的活化

前面提過的歷史文化是國之根本，有巨大的社會性的影響。對個人行為而言，生而為人立身處世的根本原則就往往來自文學與哲學的薰陶，不要低估一個地方的哲學文化對個人行為的影響力。在當今的社會文學似乎是史前的事物，對文學感興趣的人越來越少，家長很可能也認為是無用之物，有時間都用來上補習班，學看得到的才藝。在課餘的時間，如果能培養一定的優質經過歷史洗禮仍能留存的文學與哲學閱讀的習慣，對孩子培養品德與人格也會有很大的益處。這是等於培養獨立人格，對將來人生路途上各種古怪思想，毒雞湯洗腦產生免疫力，不要低估這些看不見的價值。

「好仁不好學，其蔽也愚。好知不好學，其蔽也蕩。」

《論語．陽貨》　孔子

中國傳統於品德與能力是同等地看重的，這對於我們處於當下競爭文化盛行，一些人為了盈利可以不擇手段的今天，建立個人道德思考其實非常有其必要。你擁有了改變基因的技術，怎樣去應用，你擁有了毀滅世界的科技，怎樣去控制。只講求贏，事事追求成功，不去思考與修身約束，你懂得的能力與技術就足以破壞世界引起動盪。而只講仁義，而不去學習智

識與能力，卻又只會變得愚昧，易被別人擺弄。這些智慧是如此的深刻，用在學習與工作的場所均是合適的準則，只是傳統的智慧被大多數人冠以過時已被多數人所遺忘。

文化不應是僵化的，而應該是鮮活有生命力的，當然經過時代變遷我們不太可能對古代的人生標準與哲理照單全收，其實即使是那年代的人也無法完全做到。中國不只有孔子，也有莊子，也演化出禪學以及各種哲學流派。因為數千年來中國都是一個巨大的國家，以農耕文明低社會流動性的人，長期聚居於一處，必須要學會相容並包，和而不同才能長期好好地相處。我們不像希臘城邦有複雜的海岸地緣保護，可以偏安一隅一段長時間，所以也沒有培養個人主義的哲學思維的土壤，因為國破家亡的故事在中國歷史上不斷上演。

有趣的是，中國也很長時間內總是多元文化與思想共存，沒有發展出日本那種曾經盛極一時的集體主義。其實中國古代很多邊遠地方的情況總是山高皇帝遠，主要聚居地以外民眾較受宗族而不是官府的影響，出現不同的思想也很正常。地方鄉紳經常存在相對強的日常自治權限，以宗族維持地方的生產與秩序，對各種地方事務作出利益調解。可是一旦戰亂發生，你想偏安隱世也不一定能如願，大家就會認同和平共存的重要性。國家要保有強大力量對抗入侵，百姓才能安居樂業，社會能以和為貴，即使意見不同，團結大多數人的思想在中國很有實用性，在許多時代中都是主流的意識。大家處事必須要顧及別人，即使大家是上下級也要保有尊重。社會多元有序發展，即使歷史上一些時代曾陷入動盪，但秩序重建以後，和而不同的精神總是很快就會再次普及。

和而不同精神也應用到商業之上。不少中國的創新與成長型大企業都採用獨立決策的事業部去經營，而不是由總部對所有事務進行總調動，除非是出現重大問題撤換主要業務負責人，否則也不會對獨立事業部作太多干擾，以業績與評核准則決定各部發展。同一機構內對不同業務有不同的決策中心，這些企業中很少有一人決定所有業務而其他人服從絕對權威，反而更能多元發展理性發展，也是令到很多企業在決策時能更貼近實際需要。總部主要進行資源整合，按經營需要進行調配，論功行賞。

不同事業的負責人不一定需要和其他人有相同的行為模式，卻能相互好好的達成各自目標，對已採用股份制的企業而言，不同負責人往往有一定的持股或認股權，令其目標與公司利益一致，並設立完善的內部監控，以制度去減低決策權下放後個人損害公司利益以獲利的可能，不同事業部一起努力為公司整體這個大餅做大做強的目標而奮鬥，這就是和而不同的商業實踐。相對地有一些外資企業在進入中國消費市場後，沒有給予分部充足的許可權與資源，令一些產品及服務無法貼近消費者的需要，例如把國外大碼的服裝直接賣到中國市場，對許多消費者而言，即使喜歡其式樣也變成了衣不稱身，即使開立在高檔商場，網店美輪美奐也吸引不了多少消費者埋單了。

相對而言，單一決策者完全直接掌控的公司，當行業快速成長時總是最易攻城掠地，但當公司成長到一定規模，就難以有機地擴張與收縮，因為經營缺乏了前線的觸角，難以有效率地進行調整。所以很多互聯網企業都設立了獨立決策權限的不同事業部，去應對急劇變化的市場。經營方式本身並沒有絕對的好與壞，多種多樣的方式也可以並存，有些家族小作坊式的生意可以承傳過百年，主要原因是體量小的時候管理就會變得容易也較靈活。但當要管理的業務與地方過於龐大時，和而不同的理念就派上用場。你就開始明白為何和而不同的思想會在中國這個幅員廣大的國家發展起來，而很少有其他如希臘等國土規模較小的哲學思想家會強調類似思想。

入世精神與利己主義

中國的傳統思想之中，我們的祖先們有著強烈的入世精神。我們努力生存奮鬥，成家立室，老後仍千方百計嘗試去福蔭下一代，完成生而為人的承傳與發展的使命。中國的先賢們對未知或不可能找到的答案不去浪費生命，集中精力解決眼前真實可做的事，這是相當入世並且有積極性的人生的意義。當然中國的價值觀也是多元的，除了儒家外也受到道家的自由精神及各種思想的影響，但主流社會仍以入世想法為主導，清談玄學與空洞理念始終難成主流。

對個人行為而言，在以往是知識未普及的年代，傳統的想法是有識之士必須要肩負社會責任，為人民謀福祉。現在知識已經普及，但資源的差異仍是永遠的存在，有資源的人如能肩負更多的社會責任，實踐達則兼濟天下，也是一種境界。如果你不是什麼大人物，手中也沒有什麼資源，做不了出類拔萃的人才，能夠成材已足矣。就算只能做到君子固窮，生活能安貧樂道，心中存有善念，做好能力範圍內的事，也是一種個人意義的積極性實踐。

有一些文化可能會認為你生活的貧窮與困苦是命中註定，比如古印度流傳的因果思想以及後來建立以穩定上層少數群體的社會階層而出現的種姓制度。這雖然可以影響一些人較好地忍受貧窮狀態，即使窮得三餐不繼仍視為天命所歸，卻會非常負面地影響到奮鬥精神。當你認為自己的命運已被註定，就等於放棄了在現實世界的積極與努力。一個人選擇出世的想法，只是一個人的選擇。可是當整個社會中也有選擇了放棄努力的想法，社會就很易停滯，陷入落後與貧困之中。在歷史的長河之中，這種選擇的國度，就算有幸苟延殘喘至今，也毫無國際影響力可言。選擇入世與出世，有時不只影響到個人命運，也會影響到社會的發展。中國幾千年來的主流都選擇了入世，把人生重點放在如何改善社會與民生，絕不是偶然的選擇，而是必然的選擇。

入世精神其實不是中國特有，美國的國力在上世紀雄霸全球，除了二次大戰打散了原有的國際秩序，國土上直接參與戰爭的英德兩國，國力都受到嚴重破壞，美國來了個漁人得利的因素外，美國精神中的實用主義以及對現世奮鬥的追求也有很大影響。對創新及科研的持續投入，以及對失敗者和外來者的寬容，很大程度上有助其當年成為了全球最主要的科研及創新之地。我們很難找到一種所謂美國哲學，似乎稱為美國精神更準確，因為美國的文化及觀點過於多元。即使是美國總統也不可能界定美國的文化，因為美國是一個以移民構成的國家，移民本身帶來的文化就是不同的美國文化的來源。對一部分有格局的有志之士而言，也是以科研創新貢獻人類社會為目標。

個人利己主義，重商主義同時與更為社會性的利他主義角力，細心觀察在美國生活的不同個人更像一個活在平衡存在的世界以及社會。由不同移民的不同價值觀同時存在，不存在簡單的好壞善惡的分化。我們並不可能找到一套單一哲學或單一價值可以代表美國，甚至美國文化也似乎是很模糊的。有一些美國人認為他們的國家有一種優越性的，這也許與自小的教育有關。這亦是為什麼一旦有其他國家的力量接近美國時會令不少人不安，因為這可能會動搖其自小教育的認知，衝擊其制度是世界最美好的信念，有時候會聯想到古代的雅典。但大體而言，一個普通的美國人，人生中最想做的事是什麼，很可能與國家層面沒有太大的關係，反而是尋找出自己喜歡做的事，並且努力去做好，最好口袋裡的美金也多一點就不錯了。美國夢的本質，不過是通過個人的努力奮鬥而獲得好的生活，在這一片以往可以自由進出的土地，來追夢的人多是為了追求更好的生活而來，而不是其他不夠實在的目標。這就是為什麼個人才藝表演節目在美國比較火的原因，這與個人主義的盛行不無關係，而安・蘭德（Ayn Rand）的個人主義哲學思想是其中的代表。

由於美國的土地非常多，而且有大量的平地，幅員廣大卻人口相對稀少，人們分散居住於各地，除了少數大城市，美國人口超過一百萬的城市並不多。多數居民的生活都有充足的空間，你在家裡做的事只要不太影響到他人就無人干涉，這就有助自由個人主義的盛行。相反地中國人由於聚居而且人口往往非常密集，做事時不考慮別人簡單如家中放大音響，半夜唱戲曲就會有不少鄰人深受其害。所以中國傳統文化中常強調要顧己及人，這些生活環境差異相當地影響到個人行為準則。

個人主義與社會整體意識不一定存在不可調和的矛盾。有些人會認為個人對社會利益的讓步，是純粹在損害自己的利益去利他。但在一些情況下，這一種利他的情況其實也是在利己，因為個人與社會是一個不可分割的整體。在盛平時期，個人可自由地行事，在危難關頭，需要舉國上下萬眾一心才能解決問題的時候，毫不猶豫的以社會整體利益為優先考慮，這不只在利人，也是在利己。一些歷史上經過多次苦難洗禮地區，其文化的長期形成的特質不是偶然而來的。

在東北亞較受傳統儒家文化影響講求個人社會責任的地區，面對新型病毒開始在本土流行，都是採用個人及公共層面雙重預防及控制，部分地區疫情在最初大流行後較短時間內得以被控制，新增病例在積極控制後便快速回落。相對地，在個人主義盛行卻缺乏社會整體意識的一些地區，要求每位國民出門戴口罩或自發進行限制性措施根本不切實際。即使一些地方已有明確的風險，酒吧照樣每天生意興隆直至被行政禁止營業，甚至澳洲著名的邦迪海灘因人潮過多最終被封閉，在沒有進行更強力的行政限制之前，絕大多數民眾很難因利他考慮而願意自行限制個人享樂。出門時佩戴口罩不一定能提供全面的防護，卻能大大減少病毒的傳播速度。可是有一些身處歐洲的朋友跟我說，直到全面停課前幾天，在課室這種密集地方學生們戴口罩仍是會被老師或教授非議，教授在課堂上對有戴口罩的學生說有病就去看醫生，沒病就不要戴口罩。這是忽視了個人與整體的關係，一旦班中有人感染，口罩可以在一定程度保護其他同處一室的學生的健康，而不是單純以個人是否有不適作為考慮。

為什麼有了這麼多亞洲國家的經驗，西方許多國家需要到了問題再無法處理時，再進行代價更大的全國性封閉措施。這中間涉及一個深層文化的問題，即使群體預防好處是顯然易見，也沒有西方國家預先能執行。如果疫情未到大爆發階段，在那些地區對國民進行任何限制自由的措施，也會引起強烈的反彈。既然個人自由是不容干涉，認為社會整體利益與我何干，那麼除非到了萬不得已的境地，否則當地政府也不可以施行有力的控制措施。用這一個邏輯去想，這一種萬不得已的境地幾乎是必然會發生的，因為在其發生之前根本不可能形成有效的公共阻力。那怕預防的代價只是爆發後的處理的百份之分一，人們也不願意去先行預出那百分之一去阻止問題的發生。當一地文化缺乏了自省與思考的能力，去調節及適應社會與環境的變化，即使曾經盛極一時，也必然會走向衰落。只有能有機地適應時代與環境變化的文化，才能經得起時間的考驗。

社會

社會由人與文化建構
不去思考社會
社會就會替代你的思考

征服與共融

在獨立思考的章節，我提過力量崇拜的現象。設定目標，克服困難並自我超越是非常流行的一種個人奮鬥哲學，這種觀點引領了創新與技術進步，引領了社會變化。可是這一種征服式的想法，卻漸漸引起了很多意想不到的副作用。人類嘗試去征服自然，卻變成了破壞自然，最終也破壞了自己賴以為生的生活環境。當人們努力地去想像如何征服更多，卻忘記了共存這種流傳已久的智慧。共融共存不只是令自己的個體過得更好，而是更高層次的令自己與世界一起過得更好。

如果你不能改變一個環境，只能去適應其中，許多人認為自己太渺小無力改變及影響這世界，卻忘記了你也是整體環境的一分子，每個人都可以發揮一定的影響力。如果嘗試由自己作出改變，把自己與其他人以及環境的關係作調整，變得有更多的良好互動，也許其他人不一定即時能配合，每個人的一小步，最終都會影響到整體社會的巨大改變，而你的參與也是非常重要的。

在事事講求競爭，動不動就被淘汰被標籤成失敗者的今天，在人工智慧及自動化把大量工作無聲消滅的今天，整體社會更需要思考如何共存，如何幫助及支持變得弱勢的一群。這

是整體社會必須要思考並以行動配合的變革，我們在追求生產力提升的同時，會發現能在變革中獲益的人漸漸減少，資源越來越高度集中。即使你身處勝利的優勢之中，亦不要忘記了配合資源有效分配的重要性，亦不要忘記自己作為社會一員的角色。在經營以外為更廣大的人群去考慮，比如以收益的一部分支持各種培訓及文教發展。而不應以成功者自居，完全漠視他人的生存與發展。無論是經營者，既得利益者，社會資源再分配者都需要重拾傳統智慧去思考，不只思考自己的企業，也要從整體社會生態的角度思考自己的角色與定位。

征服財富，還是善用財富？征服世界，還是建設更美好世界？單純的征服與競爭性的思維，已經很難適應在當下變革更快速的世界。如何讓最廣大群眾分享到科技及發展的成長，而不是身處被淘汰的恐懼與焦慮之中，在保有競爭力與創新動能的同時，保障及支援其他大眾的工作與生活，這是一個全球必須要思考的命題。用個人主義及征服的思維明顯不適合，而中國古老的智慧卻不失為一個重要的參考角度，和諧共存，天人合一，值得我們對自己對社會進行重新思考。

我們需要建立的是一個多元共融，擁有尊重，能夠整體共同生存與發展，而不是單極主義，贏家通吃的世界。要改變這一切必須要從教育入手，而且也刻不容緩。當掌握主要資源的人群失去了整體性的思考，只懂得以競爭性思維把我放在與他的人對立面，對個人，對社會，對世界也不是好事。

絕對公平與制度思考

其實絕對公平的社會並不存在，我們只有相對公平的社會。解決紛爭與決定資源分配，在不同的時代與地方有不同可能合適的方法。真正的思考者，會認真地求索為什麼在一些地方做用得宜的方式，在另一些地方會引起災難性的結果，把一些經驗累積起來思考並改良，而不是盲目的認同。

一個良好的制度，必須要考慮到如何平衡處於弱勢位置群體的利益，而不是利用制度缺陷為所欲為。希臘哲學家柏拉圖在《理想國》中對制度與群眾的觀察，過了這麼久居然仍能協助我們去理解今天許多不同的社會問題的根源。在希臘時代以群眾集體意志施行的暴力，就令到柏拉圖的老師蘇格拉底被群眾投票處決。無節制的群眾意見如果配以權力與武力，可以引起非常可怕的社會動盪，比如法國大革命間滅絕人性的暴力動盪。在制度無法有效分配社會資源，或傾向只保護某一主流群體，就會持續累積深層矛盾。你可能會明白為什麼當年美國的奧巴馬總統推行醫療改革為最貧窮的群體提供醫療保障時，會受到非常巨大的壓力，反對政策的人數超過半數的美國公民總數。

一個能在特定條件下運行良好的制度，是不可以簡單複製並照板煮碗的放到其他地方去運行。千百個不同的地方，就會有千百種不盡相同卻合適當地歷史與發展的制度。在已經高度發展收入差距小的北歐地區運行良好的社會制度，照板煮碗套用到經濟發展中，收入分配差異巨大，種群利益差異巨大的地區，幾乎肯定會出現巨大問題。一個制度必然有其好處，壞處，以及時代與社會的適用性。以雅典為代表的希臘文化曾盛極一時，最後卻被斯巴達打敗，然後兩者再被馬其頓的鐵蹄踏平。為什麼千百年以後，同一片的土地上仍沒有人再次提倡與復辟雅典的制度與文化，而民眾再也沒有對往昔的嚮往。羅馬建立了空前強大的共和體制，卻在衰敗後在千年的時空之中消失無影，反而其衰敗後分裂出來的東羅馬帝國卻無風無浪存續了一千多年。為什麼工業革命後中產階層的冒起，卻又引起了數百年來帝制在全球各地的衰敗與崩潰？這世界不斷在變化，變化多有其深層原因，也有一定的偶然性，這是因為時代與環境不斷改變。理性的思考，就是敢於把自己的信念放於真實世界作出思考，尤其當你看到事實與認知出現偏差，是繼續堅持真理只有一個，還是認真思考矛盾與問題的本身，再思考如何能加以改善。

為什麼相對於公共組織而言，集中決策在大型商業組織卻非常普遍，大家可以輕易數出各全球性大型公司的決策人，比如誰是亞馬遜與特拉斯的老闆，形象非常鮮明，公司內部也沒有任何人可以威脅或挑戰其權威。有一些人的權力甚至有同股不同權的保護，根本不用擔心失去公司控制權。各種創新型公司，很多時主要決策者只有一兩個人，即使公司有董事會的組織，實際上有影響力的個人可以一票否決。也有一些公司如阿里巴巴採用合夥人精英團隊作決策，團隊中亦有比較鮮明的老大。

商業組織形成這種決策生態一定有其原因。這是因為相對於整體社會比較緩慢的變化，在沒有政策保障的競爭性行業，營商環境是瞬息萬變，倒下去的企業比生存下去的企業多更多。這是一個生死博奕的世界，一旦生意做大了仍採用低效決策，幾乎必死無疑。生存下來的企業，必定要有很強的適應能力，去應對巨大的競爭與市場改變，精英團隊，高效的決策就是其中的關鍵。為什麼沒什麼人會擔心商業機構的組織形式，因為經營不善的決策者很易就會被市場淘汰。反而一些人會更擔心公司太有效率而處於絕對壟斷的地位。社會就會考慮以競爭法等法例加以約束。當然有一些企業獨裁者利用制度漏洞合法地以公司利益變成個人利益，比如發放巨額分紅與獎金給自己，這就涉及企業管治的問題。如果公司制度無法加以制約，股東有時候也是無可奈何。

無論創業者的決策如何英明也無法躲避繼承問題，這個問題在家族式企業尤為突出。上一代的經營者老去以後，新一代的繼承者要麼無所作為，要麼過於冒進。商業決策本來就有風險，可是大家可以清楚觀察到家族式企業者換上新的繼承人後，經營效果不理想的比變得更好的似乎更多。所以有一些企業會考慮在上一輩退位後更大程度採用專業經理人管理，因為專業經理人的能力不佳者會自然的被商業淘汰，能生存下來者，比不用競爭就能繼承者往往能力較強。家族中人在公司扮演守門人的角色就可以，有一些更會直接考慮引入外部機構股東，由他們幫助監督公司營運，以免公司被職業經理人操控而子孫無力維持。極端者當然就是在考慮退位時，直接把相當部分的股權轉手。大家要明白到，這世界並沒有單一合適的制度與方法，不同組織，不同發展狀態，就要適時作出改變。

為什麼我們會以專業委任而不是由大眾來決定誰是擁有印鈔能力的中央銀行家或者大學校長，因為有一些領域需要專業知識的人士才能作出判斷。前美國聯儲局主席保羅・沃爾克（Paula Volcker）在位期間盡力避免接觸時任的總統，為的就是保留央行的獨立性，不希望決策受到太多政治的影響。他認為貨幣政策是影響社會經濟運行的關鍵因素之一，不容政客以短期政治利益干預。他在位時美國陷入通脹及經濟危機，他在承受巨大的政治壓力的情況下，以忍受短期的失業率上升為代價，仍堅持用緊縮政策把美國失控的通脹壓回單位數字，打下了美國一九八零年代以後高速增長的基礎。這種不受民眾歡迎的短期政策，卻是對大眾最有利的長期政策。如果決策者純粹依據一時的民眾喜好作決定，很易演變成更嚴重的長期危機，看看歐洲多個福利國出現的債務危機及後的強行福利及公共開支緊縮，民眾長期受到的損害其實更大。

我們又去思考一下為什麼不是所有公司的股東大會都是一股一票，為什麼可以有同股不同權的股票出現。這不是不公平嗎？可是你又看看有沒有多少人真正對此不滿意。如果市場運行暢順，公司好好的在經營，真正持份的股東也沒有什麼意見，那麼同股同權才是唯一合適的制度嗎？似乎可以是又可以不是。如果市場上有很多同權不同股的公司明目張膽的傷害小股東利益，就要思考是否需要加以一些制衡或監管，先考慮有沒有改良的方法，不一定要立即全盤否定。我們的思考需要切合實際，不要以自己的認識或立場作為唯一的考量，如果自己的認知不符合事實，正確的態度是進行檢視，而不是胡亂堅持自己的偏見。

什麼是公平的制度，比如公開考試分配學位的，應該算是比較公平的一個制度，這種安排相對於按誰能付出較高學費去分辨誰能入學公平得多。但很多時候，升學考試並不是一個完美公平的制度，很多人認為以一個考試去決定一個學生的前途有點武斷，但是我們也要理解不用考試去分配教育資源，往往資源的分布會更加不均。

除了考試分數本身，更多人忽略了另外一些隱性的不公平因素，比如男女學生的自我控制能力與語言能力有先天的發展差異。這是腦神經科學不爭的事實，在小學至初中階段的差異更為明顯，所以有一些國家或地區會採用男女分開比較的考試制度去分配中學的學額，因為小學階段的語言能力平均差異非常巨大。不過因為近年的男女平等要求，這種看似不平等，其實更平等的安排卻被取消了。無論怎樣安排，總有不公平的因素出現，只是在不完美之中，我們可以盡力作出平衡，比如考試制度以外，也提供多元化入學的學額，更彈性的栽培更多合適的種子。

絕對的平均，其實代表了絕對的不公平。如果不論個人投入的努力，每一個人都有相同的收益，那麼誰人偷懶，誰人的幸福感自然更高，因為付出越少，投入與收益的回報變得更高。絕對的平均，其實是絕對的不公平。一個獎勵懶惰的制度，很難提升社會的生產力，這已經是學術界不用爭辯的事實。

可是問題又來了，如果家有巨額餘產而且後人眾多，是否分配，怎樣分配確實是一個難題。平均分配是最常見的選項之一，但事實上很多父母都會偏向幫助能力較弱的一方，這種不平均是普通的存在，也是很多家庭在子女成年後出現矛盾的根源。父母養育子女成人，已經完成了對子女成長付出的責任。成長中建立自立生存才是個人最堅實的支持，而不要指望依靠餘蔭，因為自立才是自由與獨立的基礎。很多故事劇情中富裕的主角面對家族的經濟封鎖時生活困難，就會頓時失去做人的底氣，尤其爭奪財產控制的可能是幾房人，自己一家也許只是家族財富的其中一個受益對象，就有可能在故事中被家族中人排擠後成了落難的貴族。

有些時候又反過來，家族只把資源傳給能力較強的一方，令其執掌家族企業或資產。這種安排如果處理不當，尤其掌握控權的沒有平衡家族內部利益，有時亦會因內部的矛盾激化演變成爭產訴訟，家族內部最終分崩離析。如果父母選擇論功行賞，以某些準則計算對家庭貢獻，再把資產不按表現分配給不同的子女。在利益的驅使下很易引起家族內出現激烈的爭議，上演各種宮庭鬥爭式的劇情，有可能演變成兄弟姊妹互相傾軋，無日無之。

有些情況下平均雖然不一定公平，卻可以減少一些不必要的巨大爭議。你大概會明白，無論什麼的制度，怎樣的分配，都會同時出現好與壞的影響，沒有最好，只有最合適。而我們必須要思考，並且最好能先作充分溝通與測試才開始實踐，由實踐的情況再決定是否展開推廣，在有需要時作出各種修正，在真實而且變動的世界，只有實踐與彈性的修訂才是真理。

自由與義務

任何社會之中，自由也不可能是無條件和無限制的，想要獲得自由也需要承擔相關的義務。任何人也沒有損害他人的自由，我們也應該有不破壞他人自由與利益的自覺，成長之中對一些自由的界線應該清楚。

文明本身就是一種對自由的約束，華夏文明建立之初之所以視其他周邊族群為蠻夷，這是因為這些被視為蠻族的生活狀態比較原始，比如茹毛飲血，衣不蔽體，崇尚武力，對家庭倫常的不重視，夫子兄弟相殘不絕，做許多事情時不會有文明社會建立的道德枷鎖與約束。缺乏約束的文化有時候能產生相當大的破壞力，羅馬帝國與蠻族之爭跨越數百年，也很大程度引致帝國最後的衰亡。除了直接利益上的衝突，文化的衝突，也是一個引起衝突不斷的重要因素。羅馬不時處於被野蠻人征服的恐懼，沒有辦法限制邊緣蠻族發動攻擊的自由，只能時而防禦時而談判。自由其實是需要力量維護的，文明雖然不能消除戰爭，但可以減低文明內部大規模衝突的頻率。不過歷史告訴我們即使某些族群被文明同化，只要一個文明在任何時代有擴張性傾向或其鄰居有擴張性傾向，文明人與文明人之間的衝突仍是無法避免。分別只是野蠻人發動的衝突不需要加上道德理由，想吃掉你就把你吃掉。而有些文明人把對方消滅時還要配以一個理由作辯解，以便合理化其不符道德標準的所作所為，愛好侵略文明就算盛極一時也很快走向衰落，東西方那些喜歡殺戮的文明大多數快速消失於歷史的舞台。經得起時間考驗的文明會不斷動態地平衡自由與約束，並對那些冠以任何藉口的侵略與傷害加以批判，建立起一套經久可用的行為標準。這些不斷在演變的標準亦是維護個人自由所需要承擔的義務。

絕對自由的世界根本不可能存在，即使浪跡天涯的故事給過你多少幻想的空間。就算你選擇遠離人群隱居荒野，你也不是完全自由的，選擇了荒野求生，代價就是沒有免於飢餓的自由，沒有免於被猛禽毒蟲攻擊的自由，夏天的酷熱冬天的苦寒並有機會陷入低溫症，這種生活並沒有多浪漫。無論你怎樣的享受自由人生，沒有人能擁有免於衰老與消亡的自由，也不可能永久擁有自由健康的身體，也沒能力阻止別人做一些自己不喜歡的事情，即使那些行為有多令你生厭，你的自由只限於你可以選擇逃避或無視。即使對方是自己的子女，表達意見時也不一定能太自由，因為你也要顧及他們的感受，絕對自由根本不存在。

即使將來人類移居到什麼星球，再沒有什麼地球上的國家直接約束，只要人口一多起來就必須要政府加以管理，因為人性不會因移居到什麼地方而改變。無政府主義聽上去好像是一個絕對自由的狀況，實際上是絕對不自由的狀態，因為根本沒有人去保障你的權利。即使將來人類進化成其他物種，只要這新物種仍然擁有自由意志，而且會群體聚居，就必須要有法律對個體行為加以管束。只有機械人或被編程完全控制的個體才不需要法律，因為那只是無機的器械，最多只能擁有自我學習與複製的能力，而不會擁有自由意志。如果機械也能擁有自由意志，因為他們可以突破原有程式設定的所有制約，人類要麼被征服，要麼被徹底消滅，這是非常可怕的情況。我有理由相信，就算遇上了外星朋友，而他們的個體也擁有自由意志，他們也很可能會有一定形式的管束，只是那種管束不一定稱為法律而已。

公元前一世紀羅馬共和國時代，當名將凱撒與龐培的互相角力演變成軍事衝突，龐培選擇率領元老院棄守羅馬城，而凱撒為了追趕龐培也沒有派兵掌管羅馬城，間接地令羅馬城陷於無政府狀態。城中的盜賊及社會混混變得橫行無忌，社會秩序盪然無存，到後來甚至最基本的糧食供應也不足，個體連生存都成問題，朝不保夕。你就會明白為什麼當凱撒在軍事上擊倒龐培並最終返回羅馬重建秩序之後，受到羅馬平民百姓廣泛的愛戴。一旦陷入無政府狀態或者處於虛弱的管治而缺乏社會保衛能力的狀態，你所擁有的一切，武力強大者什麼時候想掠奪，就可以毫無顧慮的從你手中取得。

中世紀時維京人曾經橫行北歐地區。他們不少行動只需動用小股的掠奪武力，已令英格蘭，法國等地的群眾恐懼不已，甚至洗劫巴黎等大城市。在缺乏政府有效武裝力量保護的地區，海盜可以隨心掠奪當地人的積累與建設，以及對手無寸鐵的平民展開任意的殺戮，不少教堂及修道院都受到洗劫一空，有時候還會定時回來洗劫。缺乏強而有力群體組織的保護以及生存必要資源的保障，底層的百姓有時候連生存也備受威脅，有什麼自由與幸福感可言。

不同社會為了維繫當時適用的社會秩序而建立的處世原則的理念，所以不同年代不同社會的道德標準是不斷改變的，正如更嚴格界定什麼事是不可以為之的法律，也會隨時代而改變。除非是身處一個極小的群體，否則以道德去約束個人行為根本不切實際，因為人一多，各式各樣的人都有的時候，只要有一個人去違反虛弱的道德枷鎖，群體信奉的自我約束體系就會土崩瓦潰。

自由有時也可以引出災難性影響，因為打著惡的旗號去發動侵略對大眾而言是顯然而見的，大眾很難不察覺到當中的惡。反而是那些以善良之名義發動的間接侵害，以自由之名引起的社會失序，對因其影響而導致生活被毀水深火熱的人往往不聞，這種打著善意旗號的有意與無意的加害，受苦難的往往是無辜的百姓。柏拉圖在《理想國》第八卷提到「極端的自由最終會導致極端的奴役」，有多少人能理解這背後的深意與睿智。

個人生活在社會之中，第一重界線就是道德界線，第二重才是法律界線。沒有了文化道德界線，只要沒有被有效懲罰與制止，為了錢你可以製造各種黑心食品，或對社會環境進行污染以獲利。即使不觸及法律的界線，個人濫用自由也可以令家

庭及身邊的人產生很壞的影響。如果個人在結婚建立家庭生養小孩後，夫妻關係破裂需要分開也無話可說，儘量好好安排妥當減少對下一代的影響。如果伴侶已經努力持家亦無過犯，一些人也會因各種原因在外建立婚外關係。法律並無法阻止他離婚再組家庭，而且他更可以把責任推到辛苦持家的一方身上，而受害最深的總是那些無辜幼年的子女，看著已經傾盡全力照顧家庭的父或母，仍得到如此狀況，內心的傷害可想而知。

這些自由是建立在對家庭成員的傷害之上，出走的人只要一句我無法抗拒聆聽內心對真愛的追求，就可以濫用自己的自由去傷害身邊的人。大家留意一下部分中外的小說作家及藝術家的家庭及生活，往往比起一般人的生活「精彩」得多，因為完全追求自由是很危險的事，而且他們追求幸福的路途上，有多少人受到嚴重傷害。中國的文化人多會明白到做人處事必須考慮到對身邊人的影響。如果個人成長過程中只追求個人自由，而不受任何道德等約束自我行為，將來在他身邊的人很可能都會受害。想要什麼就要什麼，想做什麼就做什麼的行為不加以約束，成長後反而很易被這種自由與放任所傷害。

我們生活在社會之中，在不產生社會負面影響前提下，自己有進行各種娛樂活動的自由。但是面對一些會產生很多外部影響的決定，我們是否應該考慮一下對家庭對社會的影響，不濫用自己的自由傷害身邊的人。當更多人明白自由與義務的關係，各種紛爭自然會減少，社會就能更暢順的運作。

平等與自由

絕對自由的世界，對社會中多數群眾而言是絕對不自由的世界。絕對自由的社會，是失去社會資源再平衡的社會，沒有了再平衡就沒有了對處於弱勢的群體的資源再分配與保護。這跟大自然崇尚叢林的法則沒有進步多少。當人們為生活所迫，只能用盡每一天所有時間拚命工作才能勉強生存，根本沒有自由可言。所以只要一個社會強調絕對自由，只要長期運轉下去，社會的資源必然會出現壟斷以及向越來越少的人手中聚集。當資源聚集不是為了創新與創造，而只是演變成了對沒有資源者的奴役，就會形成嚴重的不平等。這種巨大的不平等卻正是社會不穩定的巨大危險因素，只要有動員能力的人站出來，歷史上隨時都可以演變成社會變革。這是歷史的規律，絕對的對由，是絕對不平等的根源。換句話說，絕對的自由，是以小數人有選擇的自由換取大多數人失去基本生活資源保障的自由，絕對自由最終會演變成多數人的不自由。

一個社會有合適的資源分配方式，才可以令奮鬥者沒有後顧之憂去享受自己奮鬥得來的成果。努力經營事業並創造價值的企業家們能夠受到應有的尊重，因為他們把社會整體的蛋糕做大了，而大眾可以因為政府的再分配而受惠。如果強調絕對自由，失去了再分配效果，企業變大了，個人財富變多了，社會整體的蛋糕也是做大了，卻只有少數人可以分享大蛋糕，而多數人手中可分到的蛋糕反而變少了，生活變困難了，這時企業家與擁有財富者漸漸就會被社會大眾標籤成吸血鬼的同類。所以對奮鬥的企業家而言，除了關心自己的企業與利潤，也要關心社會，留心社會大眾手中的蛋糕有沒有變大。因為大眾的福祉，也會最終影響到個人的福祉。如果奮鬥的個人企業家與廣大的民眾也因為合適的制度，理解到大家坐於同一條船上，同舟共濟才是社會之福。而這當然就以限制個人或企業的絕對財富自由為代價，只要能取於合適的平衡點，得到的好處一定比失去的多。

法治精神與秩序

相對全世界的其他文明而言，為什麼中國文化看似比較強調秩序。其實中國文化本身也有提倡自由思想，比如老莊思想一類的哲學。

「相濡以沫，不如相忘於江湖。」

《莊子．內篇》　莊子

這話的意思是指在戰亂下人們被迫聚在一起互相幫助守衛生活十分困苦，遠遠不及擁有秩序時大家擁有空間及自由來得快樂。擁有自由的關鍵條件是要天下有道，社會擁有秩序，只要你的行為不影響到他人，就可享相忘於江湖的自由。這是二千多年前的智慧，至今依然適用。

中國是一個幅員廣大的國家，自古人口眾多而且密集地聚居於某些區域，人在追求個人利益及自由的同時，亦須要考慮自身行為對社會的影響。所以中國法治相關的歷史源遠流長，法家思想一直在中國占有非常重大的影響力。可是單靠法律約束其實難以有效監督到每一地方，個人在生活之中能認識到自身所需要承擔的社會責任，以個人道德作為第一重防線，才能更有效保障大眾的自由與福祉。

當然法治的精神絕不等於以嚴刑酷法去控制社會行為，而是以法律去限制危害社會的行為並形成阻嚇，目的是避免侵害而不是為了懲罰。法治社會的核心精神是以法律作為工具保障公民合法的自由與權力。歷史上如果法令過嚴，歷史上法治的鬆緊程度會隨社會狀況而演變，亂世多用重典，治世法令就會偏向寬鬆，合適時代的法律制度可以得到社會廣泛的擁護。社會秩序是保障個人自由的基石，而法治是維護社會秩序的重要工具。如果別人不喜歡你就可以自由之名隨便施以霸凌，努力工作與生產的成果隨時被洗劫一空，如果連生命財產都不能被保障，有何自由可言。多數社會都不會允許侵害他人的自由，也不會容許破壞及損毀社會資源的自由。這種傳統刑法限制的行為，無論任何人以任何堂而皇之的理由去施行，在全球不同時空不同社會中都是嚴格禁止的。即使社會偶然陷於混亂中而無力制止暴行，施行暴行者也會被後世歷史唾罵，這是有普世適用性的基本社會原則。

有一些社會單位因為人口構成簡單而不用作過多的管束，是因為社區較細小的情況下自律往往比法律更有效果。正如一些名校的校規可以特別少，甚至無需白紙黑字的校規，大家心中已建立起自律的行為。可是應用在人多而且背景不同的地方就不行了，因為林子大了什麼鳥都有。當自律及道德約束無法有效運作的地方，必須建立法律及配以相應的執行力量去管束，以保障大眾的總體安全與自由。沒有法律執行的力量，法律條文只是一紙空文。所以法律是不能夠獨立存在，必須建立在有能力執法的力量之中。

在西方古代的法律中存在兩個典型，《羅馬人的故事》一書中指出，羅馬的法律精神是以法律去符合世人，既然法律是由人制定的，那麼法律必然會根據人類社會以及實際環境的變化而調整，不符合現狀的就要修正調整，這樣法律才能有機地適應社會的變化。而猶太人的法律是要世人去符合法律，法律是古老流傳的僵化條文，不容更改調整。如果只是孤獨地居於荒野，生產活動數百年如一日，這樣沒有生命力的法律條文仍有可能合適，因為不變的條文對應的是不變的社會。而動態變化的社會，就需要有機變化的法律體制去配合。

歷史上如果法律過嚴，人們的行為經常會觸犯法律，可能演變成法不責眾或者執法者稀。立法寬緊適宜之時，民眾就會在適度規範的同時有充裕的空間，社會就會因為違反法例者少、而守法者眾，社會秩序就能暢順運行。大眾安全與權利得到清晰且持續的保障，可以把更多心思用於生產與創作，國家就會得以進步與發展。法治是否得到普及與推行，是影響國家發展的重要因素。

人口高密度地區出現無政府狀況往往會變成人間的煉獄。這與很多人想像的自由世界絕不相同，而是一個恐怖的世界。你的所有財產以至你身處的房子都隨時可以被入侵及武力奪走，你不只可能隨時無處容身，還要任意被人劫掠。可以在街頭被陌生人隨意攔截調查，各種刁難與提問，答不出他們喜歡的答案立馬就一場暴打，生存都成問題。事實上很多陷入分裂與內戰的地區也曾出現無政府狀態，你很難想像是什麼情況，沒有什麼人會想到如何去計劃與生產，你擁有多一點的資源就會被無情的掠奪，田地是荒蕪的，生產是荒廢的。如果你看一些國家出現無政府狀態的真實情景，你很難想像當地居民生存的困難程度。簡單的出行已經是困難無比而且絕不安全，即使你有防彈汽車，走十公里路就可能遇到五個要過路錢的私人武裝關卡，不給過路錢連人帶車給你毀了。可是給了過路錢，車胎都已經可能被路上釘刺破了，一路上可以看到汽車殘骸處處。更可怕的是當地的人對此習以為常，早已經盲目。族群衝突無日無之，對不同的個人被暴力虐打的情況，甚至街上的屍骨無動於衷。那些喜歡無政府主義的人，尤其是安穩地坐在家中上網發表意見的鍵盤俠，有可能誤以為無政府就可以自由自在的生活，以為這跟大家隱居深山自在過活沒什麼分別，這是不理解真實世界與歷史教訓的人才會出現的錯誤認知。

其實自由與秩序並沒有處於對立，相反地他們是相互影響的共生因素。如果你身處一個非常巨大而且有大量人口密集聚居的社會，不能靠個人與生俱來的自覺而無為而治。在中國歷史上任何秩序失常都會引起相當災難性的影響，自由是建立在安全保障與秩序之上，自由不是任由個體任意妄為以自由的名義有形與無形的加害於他人，這是任何一代人都必須要牢記的歷史深刻教訓。

自由與法令各走極端都是不妥，每一個時代都要找出當中的平衡區間，社會總體能在擁有自由與必要約束的框架下運作暢順，就是適合的狀態。如果能多走一步，不只以是否違法作為道德底線，而是考慮社會利益作為行為是否適宜的標準，這種發自內心的個人自律會令整體社會變得更美好，幸福感更大。

社會運行暢順，單靠法治並不足夠，個人內心中基本道德的約束才是最重要的。如果一個社會失去了基本道德約束，失去了最基本的人性與良知，人們就可以遊走在各種法律觸不及的地方對他人造成損害。柏拉圖《理想國》一書中有一個隱形指環的比喻。如果一個人找到了一只能隱身的指環，做任何壞事情都不會有後果，你還會循規蹈矩嗎？如果缺乏個人道德約束下，相當一部分人都會選擇以此損害他人。如果因為所謂正義的口號，因為部分媒體輿論的包裝，可以令損害他人之事變成為正義，而且可以遊走於法律制裁之外，這會是一個什麼的世界，大家翻看一下法國的勒龐所著的《烏合之眾》一書，再瞭解一下當時法國的恐怖歷史，你就會明白到良知比起一切堂而皇之的口號更值得珍而重之。真正的理想世界，必定需要建立在有廣泛社會良知的世界，而教育，無論是家庭及學校教育，是當中最重要的推力。

要改變社會風貌需要很長時間以至多代人的努力，但總會有一代又一代不同的人受到文化的感召，在不同的世代承擔起自己可以肩負的責任，這種精神直到今天仍然完全適用。對一個普通的人而言，做好自己能力範圍內的事，不做損害他人的事，就是負起了個人對社會的最基本責任。

犧牲與貢獻

保衛國家而主動參與自衛戰爭的人，不少人真的是自發的參與，他們擁有發自內心的犧牲精神，他們看到同胞被傷害時會變得奮不顧身。可是當國家發動侵略戰爭，要求士兵進行一些毫無勝算的犧牲，其實參與者多數是被迫犧牲，前進是殺敵，後退是被己方處決，犧牲只是因為他們已經別無選擇。在有選擇情況下，即使在衛國戰爭，一般官兵是不會參與毫無勝算的犧牲，以退為進保存實力也是多數人的選擇。所以要達至不怕犧牲的狀態，往往需要狂熱的精神對個人進行洗腦。

曾在二戰中宣揚的日本武士道爭取榮耀視死如歸的犧牲精神，其實就是一種扭曲人性的狂熱精神。實際上在古代的日本，比如在武力橫行的日本戰國時代，父子相殘，下屬殺害上級占據土地極為普通，武士道只是一種存在於思想世界的精神幻想，在混亂時代來企圖以此限制下屬叛變思想，根本毫無作用。可是當日本進入相對和平的江戶時代，這種思想反而有了土壤，因為社會趨於穩定，就需要對手下的武力人員有思想約束，把忠誠及犧牲精神放於武士個人美德的首位。最終這種思想一直演化，變成了軍國主義時期軍人的絕對忠誠，以及絕對犧牲精神。有一些軍人甚至真的被狂熱的思想洗腦，認為犧牲才是人間的最美，恨不得找個機會去實踐。這種個人思想的狀況必須要一個封閉的成長環境才能形成，這些狂熱分子多是成長期間從未與其他文化接觸與碰撞，教育體系強調絕對忠君愛國，而普世良知沒有發芽成長的土壤，許多人最終變成了非常可怕的戰爭機器。

利己利人是最合符人性的主體精神。相對而言，犧牲精神在正常的社會條件下並沒有成長的土壤，因為犧牲精神講求的是損己以利人，這對大多數人而言是不切實際。而主張犧牲精神的人，最喜歡的是以道德的旗幟命令他人去犧牲，而不是自己首先犧牲。越是極端的社會狀態，越推崇犧牲精神，所以在太平洋戰爭的後期出現了神風特攻隊，這一種必然犧牲的自殺式攻擊，除了純粹的犧牲卻對扭轉戰果毫無作用。歷史上以他人犧牲完成了其設定的目標之後，那些主張他人犧牲的人往往仍能安享晚年，因為他們不會笨得以自己及自己的後代作出犧牲。犧牲精神其實是一種精神的綁架，以社會整體的名義完全綁架個人的利益與意志，掛上社會整體之旗幟可以任意踐踏個人利益與意志，長期處於這種狀態不見得能對社會產生最大好處。所以法律以及制度的建設，對個人權利及財產的保護能夠得以確立，個人自行決定如何分配自己稅後合法所得的資源，才是更理想的社會狀態。

相對而言，貢獻的精神在人類史上在古今中外被不同社會及時代所歌頌，絕非偶然。比如護士南丁格爾在十九世紀照顧傷兵的故事，就在西方世界廣為傳頌，她不是一位什麼有權有勢的大人物，其精神卻影響世界。貢獻跟犧牲最大的分別，在於貢獻是自願的行為，往往是理性並且有勝算的選擇，而不是必然的毀滅與不可回復的損耗。個人在不損害自己的生活，或者在個人自願並且可以承擔的損耗下，把多出的資源做更有意義的事，幫助或影響更多的人，對己對人都可以變得更好。貢獻與犧牲的最大分別，貢獻乃建基於大致可勝或可以承擔的基礎上，仍甘願冒上一定個人風險與損耗可能的高尚精神。相對而言，犧牲精神經常與盲目混在一起，而且往往連結了傷害與毀滅，而不可能持續。

在千百年來的人類進化史中，當出現天災人禍，如果每一個人都選擇後退，疾病，天災與破壞就可以對人類步步進迫。這些擁有貢獻精神的人，是在扭轉局勢的無名英雄，歷史上若果沒有一代又一代擁有貢獻精神的人存在，人類文明可能已經不復存在，請在心底為這些前人致敬。但是我們必須要謹記，貢獻應該是建立在自願自發的基礎上，強迫他人的「貢獻」就會變成了強迫別人作出犧牲，個人權益被法律以外的「道德」力量隨意侵害。人們都不知道自己什麼時候會被強迫「貢獻」，這對社會而言就不是什麼好事了。

狂熱與盲目

狂熱與盲目其實是一對老搭檔。社會性的狂熱從來沒有離開過人類社會，這也許跟人類的進化歷程有關係。試想像你身處於原始的部落社會，生存朝不保夕，除了面對猛獸蟲害，還有敵對部落的隨時攻擊。如果受到突然威脅之時，慢慢地辯論與思考只有被消滅，必須毫不猶豫地跟從群體一致行動才可能生存下去。所以群體性不經思考的一致行動的行為模式，就可能一直深藏我們的社會群體之中。

社會昇平之時，大家都會忘記了人性中兇殘而且狂熱的一面。智人從進化史上並不是一個絕對喜歡和平的物種，群體與部落間的戰爭與衝突不間斷上演。後來的社會進化及生產能力提升，農耕文明取代了狩獵的社會，較穩定的社會及生產秩序開始出現，我們的祖先開始把兇殘的一面褪去，形成今天我們認為人類總體偏向善良的認知。可是一旦環境出現巨變，矛盾過度累積，或同類受到兇殘對待，人群就可能會快速陷入狂熱與暴力之中。一旦陷入狂熱就會很易進入盲目狀態，盲目以後很易就會失去良知，這是處於憤怒與焦慮混合的狀態，參與者會再聽不進不同的觀點，處於思想封閉狀態。狂熱與盲目有機會演變成敵我攻擊型的群眾運動，每一個社會的最小單元都可以對非我的群體在無需授權下作出攻擊，這是人類社會最危險的群體活動之一。當良知在群體之中失去作用，狂熱的群體就會開始四處找尋壓迫的對象，去建立起「我」這個群體的自我認同。

如果整個國家陷入狂熱與盲目，影響的可以不止於國家的內部，很大可能把戰爭與動盪輸出到其他國家。比如一九三零年代德國流行的納粹主義，認為只有最優秀的族群擁有主宰權力，而視部分族群為低等人種，崇拜權力及力量，視弱肉強食為社會發展規律，後面的歷史的發展就不用多作解釋。同期流行的日本至上主義，一面倒歌頌日本一切事物與精神的優越性，更加開展了國民精神動員的各種運動，當時理性思想，個人與自由主義思考都被認為是有違日本國體。當一九三零年代中期，其他不認同軍國主流的各種聲音被狂熱派以武力壓制後，軍國主義日本至上的精神狂熱風潮得以在毫無反對雜音的環境下傳播至全國，變成了權威而不可挑戰的集體思想，並形成了一股盲目自信與自我膨脹的思想浪潮。這種思想狀態間接影響了及後的全面侵華以及太平洋戰爭的爆發。在最狂熱的年代，日本媒體宣揚偉大的家長養育孩子的目的只是為了育成戰爭的機器，甚至在宣傳的出版物中出現母親以孩子成為戰爭中的肉彈為光榮的文章，這是多麼扭曲人性的時代。

攻擊型群眾運動是極不穩定的社會狀態，德國納粹黨一九二零年代建立了衝鋒隊這一個鬆散的武裝力量對異己進行威嚇與打擊，很多社會小混混加入其中四處作惡。後來連希特勒自己都無法有效控制這個組織，最終在一九三四年的長刀之

夜被希特勒以武力迅速把整個混亂的組織的武裝骨幹徹底消滅並解散成民事組織。這類故事，在歷史上其實不斷上演，比如煽動法國大革命的主角的律師羅伯斯比爾，一時之間曾經風光無限，後來還是被其他革命群眾發動熱月政變處決掉。群眾運動比戰爭更難以停止，因為群眾運動根本沒有完整組織，誰也不代表誰，想談判也不知道找誰，所以短時間難以解決，社會不陷入混亂才怪。當然製造了混亂，一些始作俑者可以打倒了其目標的對手，然後再混水摸魚借助運動獲得個人利益。到運動與暴力完全結束，社會再次回復平靜，歷史學家總會來一次紀錄與思考。可是一次又一次的紀錄與思考卻並沒有減少激進破壞型的群眾運動在世界各地的發生，而且當全球的社會資源分配出現更大矛盾之時，各種群眾運動又再次回到大眾的視線。

為什麼人類喜歡分門分派，而且為此而陷入狂熱。在遠古時代，個體在自然環境中很脆弱，也難以獨自生存，依附於某一社會群體有利其生存。在古代出現了天災等情況令維生資源不足夠下，群體與群體之間爭取生存資源的衝突就無可避免，贏家通吃，輸家被消滅。選擇加入或退出某一群體，可以是生存與被消滅的生死抉擇。即使現在有了法律與制度等社會規範，原始社會的行為模式並沒有徹底消失於文明社會之中，隨時都可以死灰復燃。

資源永遠是有限的，製造對立有其利益所在，對立，最容易獲得歸屬感與認同，並能引起其他人的注意。不允許中立，必須靠邊站，就必然地迫使一些人成了少數或處於弱勢，而對於少數人的利益，就可以明正言順，堂而皇之的剝削。如果參考歷史中在歐洲，在亞洲，在非洲出現過的攻擊型群眾運動，背後的動機不一定是因為資源不足或自然災害，而只是因為社會部分人鼓吹的對立及意識形態走向極端化，甚至最終演變成不同群體的殘酷攻擊以至清洗，這是性質極惡以及滅絕人性的行為。由於手段殘酷超越了一般人的底線，他們會對被加害的對象冠以非人類的標籤，把加害對象視為非人類就可以堂而皇之施予不人道的對待。如果你察覺到社會中有聲音把任何群體以非人類進行標籤，應該極度警惕性質最惡劣的狂熱運動正在成形，並盡力在個人層面以及能力範圍內阻止其傳播。

群眾運動中大多數不明所以的附和參與者，普遍都沒有對狂熱的免疫能力，因為他們當中大多數人沒有經歷過狂熱的教訓與洗禮，而他們受的「良好」教育也正好忽視狂熱的防疫。如果社會中有一批人生活不如意，尤其對未來失去希望，只是認為是社會沒有給予機會，只要機會來臨，他們就會奮不顧身加入其中，把注意力投射到一些運動之中，轉移自身命運困難與矛盾的關注。群眾運動需要的不是理解和思考，而是狂熱與信仰，偉大的口號與遠方不可能觸及的「理想」擁有不可質疑與挑戰的權威。陷入其中的人漸漸會把不合理的事合理化，把作惡的事形容為行俠仗義，很容易就會失去了理性與良知，所以群眾運動很多時會演變成失控狀況。

激進型運動的發起很多時需要參與者無條件的支持，對任何反對的聲音或阻止運動進行的成量都會進行排斥。信仰的極端就是神化，神化的必要條件就是絕對權威與必然正確的思想，只容絕對服從與支配，不容挑戰也不允許思考與辯證的空間。運動會直接帶領參與者批判甚至攻擊不支持參與者或性質與運動立場不同的親人與朋友。當社會陷入狂熱與盲目，最初的目標對象被打倒後，群眾就會尋找下一個打壓的對象，當外部的對象都被打倒，群眾就會開始打擊內部的新對象與不同路線的群體。狂熱的群體最終多會出現內部分裂，因為沒有「敵」，就失去了「我」。由於變成被打倒對象的人越來越多，剩下來還能建設的人就必然萎縮與減少，群體的總體建設力量受到嚴重破壞。如果動盪的情況持續，被打倒的對象及目標只會越來越多。如果是暴力型群眾運動，必然會帶來社會內耗與破壞，最終會演變成大多數人都厭倦了混亂，人們普遍都會渴望社會秩序得以重建。

有人可能會想為什麼在那些爆發攻擊型群眾運動的地區，沒有多少人拿起良知去抵抗社會的極惡。良知只能在惡質事件發生前產生預防作用，而無力在事件爆發後產生改變的力量。因為社會很可能會被武裝力量脅持，少數擁有良知勇於阻止事情惡化的人被率先清洗。剩下擁有強烈良知的少數積極分子只能像電影《舒特拉的名單》主角那樣，去間接地對一部分受迫害的人進行保護，個人無力可以扭轉社會狂潮。

為什麼數千年來人類社會的進化無法有效消除暴力與動盪？這是因為一個社會的原有制度經過長時間運行後必然會出

現各種矛盾，需要根據現實環境不斷修正，而這種修正的速度往往非常緩慢。當外部環境出現較快的變化時，無論是天災或內外部的危機，矛盾就會變得非常突出。當矛盾轉變成憤怒，就會開始失去理性，並有可能找尋發洩憤怒的對象。歷史上較為和平的群眾運動，有一些情況可以因為問題得到協商而自行平息，或群眾內部向心力不足而自行瓦解。如果事情往激進方向演化，就有可能會走向攻擊型群眾運動或陷入戰爭狀態。要想社會運行暢順，這當中的關鍵是，社會的深層矛盾有沒有得到解決，以及基礎的生存資源有沒有得到保障。要避免健康的正常表達活動演變成暴力，就要視乎理性與良知教育，以及歷史的覺悟有沒有在群眾中普及。社會混亂後，秩序最終還是會得到重建，可是過程中對許多底層百姓的傷害和破壞，卻永遠不能復原。只是許多的痛苦及傷害早已被世人所遺忘，歷史的教訓總是得不到重視。

在當今強調科技，而歷史及人文學科被輕視的年代，新的一代不易擁有盲目與狂熱的抗體。設定教育系統的人也許認為過去發生了的不會再發生，容許一代又一代人忘記極度痛苦的教訓，這是教育家的缺失，歷史與人文教育的缺失，是預防人類社會性災難的重要因素。教育體系對於社會良知的建構責無旁貸，只有教育能把狂熱思想的預防帶至最偏遠的角落。而良知教育，就是當中的重中之重。

為什麼不同意見的雙方一定要選擇對立？為什麼不可以嘗試傾聽與了解對方的觀點與立場？為什麼不可以求同存異？

我們理應努力去建構共融與擁有良知的社會，令最廣大的社會群體一起受益。人生，除了可以選擇黑與白，也可以選擇中立與共融，人與人之間並不需要被標籤與處於對立狀態。我們必須認識到狂熱永遠不可能遠離人類社會，只要有合適的時代與土壤，社會狂熱一定會捲土重來。歷史發生過無數次的血的教訓，前事不忘，後事之師。

人情社會的思考

人情社會在世界上無處不在，只不過程度與形式上有分別而已。人情社會不一定是貶義，人與人之間有情，何罪之有？情是建基於信任與各種關係的紐帶，可以是互相幫忙的情，也可以是聚眾人之力成就事情的力量。人情社會之所以有時被賦予貶義，主要是因為一些人被人情所脅持，被迫去做自己不願意做的事，損害自己及家人的利益為別人提供方便。有時候人情甚至越過制度，形成各種不公平。可是國外那一個地方是完全不講人情的？又有多少人知道崇尚競爭的美國，在最頂尖的常春藤大學的本科生錄取中有相當高比例的學生是校友子女，有些甚至超過百分之三十。因為校友是明確的入學加分項，而且一般名校除了考慮學生的學術能力，還要呈交由認識申請者的人撰寫的推薦信，這就涉及個人與家族人脈資源的比拼了。這明顯有違純粹以個人能力入學的公平觀點，如果這不是明顯的人情因素加分，還有什麼算是人情。

人情社會的形成與中國漫長的農耕文化有關，一個普通百姓可能終其一生都生活在同一村落。同村的人互相見證出生，成長，衰老，大家的祖輩與晚輩都互相認識。在這種社會與人口流動性非常低的狀態下，大家長期生活在同一個環境，如果互相攻擊日子很難過得下去，形成了由血緣與地緣作為基礎，建立起來的人情社會就是自然而然的情況了。費孝通在《鄉土中國》一書中觀察到中國傳統的農業村落以聚居為主，而美國的農業村落卻以散居為主，直到今天這一現象在兩地農業村落仍沒有重大改變，只是現在更多的人在城鎮化的浪潮之中選擇轉到城市中生活。人情社會由古時以土地為基礎，一方水土一方人的狀況，變成城市中鄰居互不相識的世代，人情卻在城市中以各種親屬及社會身分繼續存在。師長，朋友，同學，同事，商業伴侶，甚至網路上的圈子。這種人情關係不再由生活的土地建立，而是由信任所建立，所以人情社會中最稀缺的資源是信任，有了信任就可以建立強大的關係，變成一定程度的利益共同體，互相幫助與扶持。

人情社會必須要乎合社會上廣大人群的利益，才可以在一個時代延續下去。互利，是人情社會的基石。其根源，與中國傳統的父慈子孝，兄友弟恭，朋友有信的概念是相承的。自己對人好，會得到相對的報恩。如果群眾中更多人對別人施以互助，社會整體的福利也會提高。人情社會，比純粹以制度劃分權利與義務，甚至事事講求不求人的無緣社會，更符合我們社會文化發展的規律。前面說過，在歷史的長河之中，個人難以與社會割捨，在盜賊與戰亂面前，沒有什麼人可以獨善其身的過活。

人情社會相對的是制度與資本社會，人情的作用被淡化，一切按資本與絕對競爭作處理。這跟阿當．史密斯（Adam Smith）《國富論》中形容的理性人世界有點接近，卻有點不近人性。如果每一個人的行為純粹出於自利，並需要相應的等價交換，理論上令社會以最高效率運轉，這樣自然誰也不欠誰的情，一切也是清清楚楚的金錢交易。可是大家想想，父母是否需要每天計算一下子女成長過程中的開支，然後可以合法地對成年後的子女要求償還。夫妻之間的財產是否需要分開處理，只有個人財產，沒有共同財產。每一個購物或享用服務的人，都不會重視服務提供者的用心，而只視同交易。在利潤極大化的追求下，醫療機構想的可能變成如何在你口袋中拿最多的錢，而不是提供最適切的服務。同樣道理，法律界人士只想把訴訟變得曠日持久以收取更多律師費，食品生產商會想盡方法以各種廉價甚至有害的原料去製作外表難以分別的黑心食品，這才是唯利是圖利益極大化世界的標準行為，你真的覺得沒有問題嗎？

沒有了人情與道德考量的世界，並不適用於人類社會。「修合雖無人見，存心自有天知。」是一間承傳過百年中醫藥老字號的精神格言，這種精神同樣適用於各種行業。企業在思考如何競爭與盈利的同時，承擔一定的社會責任，保有最基本的良知，不去賺很可能沒有懲罰的不義之財，不是更合適嗎？雖然資源多少真的很影響我們的生活狀態，資本統治的領域在不斷成長，許多個人難以與之對抗。但慶幸的是冷眼旁觀的資本與冰冷的制度世界並未統治所有領域，我們的人性中的善良與互助精神很難被根除，只是認同純粹資本競爭制度的人越來越多，可以帶來滿足感的互助的精神卻越來越淡薄。

問題是為什麼人情社會漸漸變得貶義？這是因為很多人利用了人情社會的特點，得到人情的好處後，卻不去想如何報恩，甚至恩將仇報。在人們聚居村落的時代，如此行為的人的事蹟很快就被同村人傳遍，難以立足。可是現代社會之中，對身邊共事與接觸的人的出身成長，家庭背景也沒有太深厚的認識，做了什麼惡行，轉到下一個陌生的地方，換一個網路的帳號，又可以繼續其不義行徑而不受抵制，把信任的基礎變成單向獲取個人利益的手段，而不是互相幫助及互利的傳統美德。有甚者，打著人情的名義，以惡名施以道德威脅，要求他人以超出能力或制度的情況作出幫助。這些就扭曲了人情的善意，而變成了濫用人情去達成個人私利，受過損害的人群自然對人情一詞避之則吉。

如果更多的人受到人情關係的負面傷害，人們很自然的就會對不必要的人情作出割捨，人與人之間很自然變得冷漠。當我把擁有共同利益或信義的「我們」的定義變得不斷縮小，甚至夫妻伴侶也不再是「我們」，「我們」代表的有可能只剩下自己一人和個人財產，這對社會而言會是很大的傷害。人情社會的相關群體對象收窄是現代都市化社會的必然現象，但除非人類被機器取代失去了情感，否則人情社會永遠不會消失，只是程度上的分別。更多帶有真心互相幫助的人情關係出現，遠比互相以權限與個體利益為唯一考慮的無緣社會更加美好，當中就需要不同時代的人作出平衡與取捨了。

福利主義的思考

福利並不是什麼新鮮事物，不過以往福利的提供主要只存在家庭與宗族的內部，而在當今社會形態下，除了已經縮得非常小的核心家庭提供內部互相支持，外加上了政府向社會最廣大的群眾提供的公共福利。只要政府有能力，對所有國民提供基本社會服務與公共福利是正當而且應該的，因為這符合整個社會的最大利益。那麼什麼是最基本的福利，這就涉及基本生存需要的思考與承擔能力的問題了。而歷史的經驗告訴我們，幾乎任何國家未達富裕水平先行大派福利的政策都是不可持續，並可能要下一代人痛苦緊縮的生活狀態去埋單。在拉丁美洲以及其他許多地方曾經做過不少超越負擔能力的社會福利政策實驗，幾乎無一不以失敗告終。

我們要認識到最基本的國民福利包括幾個重要方面，第一是基本生存保障，可以是食物的提供或是提供足以購買維生食品的金錢。尤其是荒年不斷糧，在困難的時代仍有維持最基本生存需要的資源，才可令受影響的大眾在困難時期選擇安份守己一起捱過寒冬。第二是基本醫療保障，生病了能不能負擔看病的費用，看病有沒困難要否過長的等待時間。千萬不要以為自己有醫療保險或可負擔優質的醫療服務，就不用理會公共體系。如果醫療系統缺失，會造成重大公共危害，疾病就可以快速傳播，並對社會整體產生重大影響。第三是基本教育，有沒有中小學等基礎教育的支持，教育是國家長遠發展的根基。如果不提供教育，許多人的能力與潛能就無法發展，對社會的潛在競爭與生產力造成重大缺失，而缺乏良知教育，也可以使一國的國民失去狂熱與盲目的識別與抵抗能力。第四是基本的住房保障，不一定要由國家興建，但需要監察是否有足夠的供給數量，以及對不能負擔的群眾提供最基本的住房。這種公營或資助房屋無論以公租房，組屋，公共房屋，團地等不同形式在世界各地出現，其本質想解決基礎居住的問題都是相同。失去了生存的土地，無產無業無處容身的群體增加，尤其當這類群體中青年及壯年比例增加，是歷史上誘發動盪產生的重要風險因素。不要以為別人的事就是事不關己，這些基本福利都是保持社會穩定的關鍵因素。

為什麼上面強調的是基本，因為這是為了滿足生存的需要。但社會除了滿足生存以外也需要不斷向前發展，這就需要社會的制度能提供一定的動機，令人們有了為了更美好的生活努力奮鬥的動機。如果人們對自己的工作與生產失去了動機，社會的總體生產就會萎縮。

無論如何，提供的福利必須要是在財政可以承受的水平，否則就會出現累積的借貸，而借貸總是需要償還的，尤其是一些體量較少的國家，一旦多發債務就會導致貨幣貶值，通脹加劇，甚至引起經濟崩壞，生產停頓。如果一個國家要發展，就必然需要持續進行新的有效投資，而投資又必須能滿足社會需要才能有效，否則就會成了泡沫經濟的無效投資，變成了浪費社會資源。而投資的資金來源只有靠本地儲蓄及外國借款，有一些國家就是靠刻苦儲蓄去累積資本作投資，有一些會傾向國外借款。如果是進行有效投資，這種借款及一時的刻苦可以換來更美好的將來。但如果一國沒有儲蓄，而進行借款只是為了支持其不可持續的社會福利，其結果當然會是債台高築，生產能力卻毫無上升，甚至依賴借貸購買不能負擔的進口商品，最終經濟陷入危機。比如大家聽過的歐債危機，其問題的根源就是源於福利主義，以借貸去支撐超越自己負擔能力的公共福利，當債務累積至不能承擔的水平後，換來的結果是將來的生活更加緊縮，受累的當然是下一代的人。

基本收入是福利政策中極具爭議的項目，在提供基本收入保障的國家或地區，如果所提供的國民基本收入接近甚至高於當地一般工資入息，這種福利政策就會完全扭曲工作動機，成了樂在不工作的社會。這種福利政策就會完全扭曲工作動機。如果基本收入只是人均工作收入的相對一部分，這種水平就不會影響到工作動機，反而令大家提高了消費的意願。當然關鍵的因素是社會有沒有足夠支付最低基本收入政府開支的稅務及其他收入，超越負擔能力的政府支出必然要以負債形式出現，如果本國的儲蓄不足以負擔起借貸，就需要借入外債，這種福利政策很快就會失去持續可能性。所以能否實施的關鍵，是社會中的生產者是否足夠，以及政府稅收的狀態。

一個良好的社會不只需要生產力強的生產者，也需要擁有購買力的廣大消費者。提倡全民沒日沒夜極限生產的人眼光都是狹窄的，因為一個城市失去了消費者，也就會失去其活力。而且生活壓力過大，人口的自然增長率就必然下降，如果無法有效吸收移民，就會形成城市自我衰敗的現象。人均收入最高的特大型城市，生存壓力非常高，但扣除住居開支後的人均消費水平卻可以低於其他收入較低的地區。有時候一些中大型城市居民的購買力反而比特大型更強，不是因為收入更高，而是因為扣除住房等必要開支後的可支配收入反而更高，而且他們閒暇更多，更樂於享受生活與消費，這是一個很有趣的現象。

老齡化是社會福利政策的巨大威脅，韓國，日本等地的人口自然增長率早已下跌到嚴重不可持續的水平。當人口下降，首當其衝受負面影響的是教育事業，由幼稚園，小學，中學到大學的生源不斷收縮，老師被裁減，大學教授的職位朝不保夕，那還有多少人有什麼心情做長遠性的研究。商業的新增投資可免則免，人都沒有了，那來的消費者，商店就算破破落落都不用翻新了。最可怕的是老齡化後醫療及社會開支不斷上升，全社會的稅務負擔越來越重，而稅收卻難以再開徵，還有什麼空間去提供基本收入及其他福利水平。

當社會階層固化，年輕人越來越少，有一些國家可能要發債度日，比如日本的國債已經超過國民生產總值兩倍以上，而新的債務仍不斷在累積。有一些體量較少的國家如希臘，發債過量後引起了債務危機，最終要大減福利，有些人甚至要變得老無所養。一個國家的民眾是否感到幸福，是生育率的關鍵，有閒暇以及生活的基本保障，而且對未來的生活有盼望，人們才有更大的生育動機。這樣看你或許會更能理解為什麼很多國家與地區，在經濟發展與收入增長的時候人口反而下降，尤其是當收入達至一定水平並出現經濟增長減速停滯之時，新生人口出現加快下降的現象。人口下降，不一定是壞事，但人口快速下降，對整體社會而言卻很難是什麼好事，整體社會福利也只有持續收縮的可能。

創新性破壞與可持續性

創新性破壞一詞本來用於商業應用，其理念是原有的行業參與者不斷提升價格及品質，令中低價品質較次的產品出現市場空間，新的競爭者出現並取代原有以品質取勝的行業龍頭。這種概念跟不少品牌在中國採用農村包圍城市的策略非常相似，新公司用競爭力較弱的品牌以農村及次級城鎮為目標客戶，做大後再向更高端的客戶群進發，繼而大獲成功的品牌，相信大家心中早已想了很多不同的商業名字。

我想說明的是即使資源處於劣勢，任何一個時期的新一代人都在找尋他們新的成長缺口，無論是技術創新，價格創新，行銷策略創新。人類社會的不斷進步也是靠一代又一代更替出現進行的力量，當然中間亦會出現偏差而倒退，但總體而言社會總是在進化。變化的動機是每一代的新人自發努力去找到屬於自己的一片天地。長江後浪推前浪，一代新人勝舊人，是世間自然而然的規律。

每一代人成長以後總是要尋找自己在社會中合適的角色與定位，不少人無論口中是怎樣說，心底還是有出人頭地的渴望，只是有時自己的理性也覺得做不到，開始自我壓迫而已。找到屬於自己的舞臺並不容易，更多的人最終營營役役地做著不喜歡的事。很多不甘心的人總是會努力找機會，找社會中的增長亮點，比如西元二千年前後開始的互聯網大潮，就破壞了大量原有的零售商業模式，亦同時創造了以千萬人口計的電商及物流從業人員。同一件新事物總是會帶來好及壞的事物，而且一旦形成趨勢力量不能阻擋，原有的人只有適應時勢或是離開。進化有時是難以避免的唯一選擇。如果你讀過達理奧（Ray Dalio）的《原則》一書，對個人而言，其核心思想不過是人生需要不斷勇敢向前行，經歷失敗後，改良適應並創造的，才能不斷進化觀點。他的對沖基金必然會被新的競爭者取代，江山自有才人出。這是自然的規律，無法逆轉。

對多數的人而言，我們沒有可能要求全世界停下來等待我們進步。世界的變化速度更快，而且更加贏家通吃，資本越來越集中，個人往上提升的管道在全世界很多國家都出現了堵塞。這在歷史運行中其實也很平常，這些情景絕不是頭一回出現。如果一個時代之中，機會之門近乎完全封堵，對整體社會而言就絕不是什麼好事。不同階層的流動性一旦固化，奮鬥去創造財富的人越來越少，依靠資產增值壟斷財富不用工作卻可享受生活的階層則不斷壯大。新一代的人即使再努力也無法改善自己的人生處境，許多人就會陷入絕望，產生深層的世代與社會階層矛盾，由於社會整體消費力不斷衰縮，總體經濟上也會失去活力。面對這種情況，社會必須要思考一下如何去疏通管道，否則就會有看不見的力量在累積，要麼走向消極，要麼走向極端。這亦是純粹以自由市場運行，商業資本完全主導社會資源配置的巨大缺陷，間接引起了一九三零年代歐洲社會經濟問題。民粹主義的抬頭往往與社會經濟的結構性矛盾與制度性缺陷有直接關係，前車之鑒不可不察。許多經濟學家在思考問題時缺乏最基本的歷史及政治理解，沉迷於烏托邦式的數字理論世界，社會科學的真諦是必須走入真實的社會之中，因為真理就在現實其中，社會影響的量度往往無法簡單以數學量化。

如果新一代的力量是用於發明創造，或者是以創造性破壞作出改變，對整體社會而言是有積極的意義的，如果演變成純粹的消極與破壞就不是什麼好事了。作為個人，我們沒有辦法改變環境，卻有能力選擇自己的心境，在各種困難境況下也不要忘了當建設者的責任。如果你已名成利就，請不要忘記了去提攜後輩，為下一代創造成長的空間，現今非常活躍的創投資本，很多都是已成功的企業家把一些資本用於支持創業者，這也是自利與利他的典範。如果更多的企業推崇可持續的工作強度，員工保持奮鬥精神卻能保有一定的生活空間。更重要的是，政府對社會資源在不影響工作動機的前提下要有合理的再分配。

我們要認識到人只可以在一段短時間內超限運作，長期過度的自我燃燒是不可持續的。創造性破壞的極端可以變成一間公司的員工比另一間工作時間更長，工資更低，產品更便宜。拼了行業龍頭的份額，然後行業龍頭採用更極端的工作強度，進行創造性破壞，工資更低，產品更便宜，這就沒有什麼創造可言，只是互相踐踏員工的工作底線。比如一些國外地區的會計審計行業，早就掉入泥潭之中，需要以法律及制度加以約束，因為這種惡性競爭也是純市場價格競爭下無可避免會出現的情況。

在很多國際研究中發現，即使個人名義收入富裕起來，可是生活成本高企，缺乏閒暇可以照顧下一代人，這對生育率而言也是毀滅性的打擊，社會便無法持續地運轉。近年連美國的生育率也大幅下降至不可持續水準，美國人均收入自金融危機後有所上升，但房價及生活成本上升速度更快。中產們不只要用力工作，甚至下班後也要兼職來應付各種不斷上升的支出，家庭儲蓄無幾，只有不斷工作才能運轉，學校老師下課後晚上要當網約車司機的人早已經多得成為一個網上群體了，不少人還要把有限的時間用於個人進修以免被淘汰。你就明白為何連數百年來自然生育率都是可持續的美國社會也出問題了，未來要麼人口下降國力衰減，要麼大力吸納各地而來願意忍受較差劣生存狀況的新一代移民去補充勞動人口。大眾在創造，創新，奮鬥的同時，亦必須意識到要兼顧勞動者的尊嚴及生活的福祉，這才能形成幸福的社會，而不只是物質上富足，卻早已累得了無生趣的狀況，才能令社會可持續地發展。

個人與社會

身處在一個社會之中，是無可避免與整體社會產生關係，無論這種關係是你願意還是不願意的。有些時候，一個人會因他身處環境與不能改變的出身而被打上特定的群體標籤。舉一個很簡單的例子，一間大學的學生會競選往往是沒有競爭的，因為更多的人喜歡參與自己志趣相投的學會，而非更廣泛卻有點空洞的大學學生會。學生會組織「缺莊」，即缺乏新一屆的同學想擔當幹事職位，組織活動經常缺乏人氣，也是很普遍的情況。當然不同大學可能情況有點差異，不能一概而論。問題是，如果社會上出現了一些議題，學生會發了一個聲明，卻好像代表了整個學生的意見，實質上只代表了學生會幹事相關的一個熱愛發聲小群體的意見，社會卻認為其代表了整間學校的學生群體，這是非常經典的代表例子。

特定群體被否定也是一件令人很無奈的事，卻在世界上普遍地存在。在職場，甚至是在學術界，也有因自己被某群體代表了而受影響。由於區分不同人的成本非常高，所以一竹篙打一船人的情況並不罕見。這亦是為什麼家長都喜歡子女能上頂尖大學就讀，因為畢業後比較易在第一份工作求職時被標籤為較有能力的員工。當然也有聽說過某些企業不傾向請最頂尖大學的員工，認為他們光環太多，反而承受不了太多挫折，也因為選擇多而不夠投入，這也是被標籤的例子。

有一些強制被標籤的行為性質更是非常惡劣，比如納粹黨對猶太人進行特殊標籤。一個人沒有做錯任何事，卻因為標籤而被打壓甚至被屠殺。製造標籤與敵我對立矛盾，這是喪失良知者最喜歡用以動員民眾的宣傳工具。我們一定要有所警惕，不要讓自己陷入先入為主把人群直接標籤的直覺式思考。

有一些特殊的時候，你什麼錯的事也沒有做，只要生活在某一個地方，就會被外面的人標籤，這是相當無奈卻又無可奈何的事。卡繆的《瘟疫》，雖然以發生在一九四零年代的鼠疫事件為藍本，卻能歷久不衰引起讀者共鳴。這是因為人類面對天災與瘟疫的爆發之時，深層的人性就會表露無遺。尤其是生死攸關之時，每一個人都希望能完全置身事外，不被威脅。想遠離風險，當然是立即鎖定帶有風險的人群，用盡方法隔離對方，或不與風險對象有任何接觸可能，這是人之常情。問題是，很多時這一種恐懼轉化成了暴力，尤其是語言及精神上的攻擊，產生許多不必要的惡意中傷與心理傷害。

想想一個人身處天災或戰亂地區已經是不幸，許多完全無辜又善良的人，卻只因為生活在這一片土地之中被標籤成不可接觸者或者帶有原罪。天災與溫疫從來沒有離人類遠去，沒有人知道下一次是什麼地方，也沒有人知道誰會是最受影響的人。但我們可以控制內心中不必要的恐慌，對克己守份的受影響者予以支持與鼓勵，而不是進行二次傷害。

有時候標籤不一定用在人的身上，也會用在國家與物品之上。歷史上出現抵制運動並不罕見，比如在侵略戰爭期間抵制敵國的產品，有時無可口非。如果只是一些意識形勢衝突，或者是局部的外交或經濟衝突，因在使用某些品牌就會被歧視，有時令人無所適從。比如近年日本與韓國出現了互相抵制對方國家產品的事件，甚至升級至外交及貿易層面，引起軒然大波。一般情況下，市民以價格品質及其喜好而自行選擇合適的產品，比如今天不用這個國家生產的，明天不用那個國家生產的，有些數年前已買下來的產品被人看見後甚至被砸爛，那知道後天兩國又交好了，可以被砸爛的物品卻不復存在。愛國是好事，如果自己的國民都不去愛護自己的國家，還有誰去愛護這一個國家建設這一方土地。可是我們必須要認識到，自由施予暴力與破壞他人合法的財物並不是真正愛國者的行為。

我們要學會把某地方生活的人，與當地的政治外交意識形態有所分隔。想一下即使身處二戰時的極權國家，還是有很多有良知而且善良的人存在，只是他們的聲音被當時的環境壓制了，千萬不要把每一個身處該地平民都想像成大惡人。大家要明白個人不能選擇他出生在什麼國家，生活在什麼時代什麼地方，不要武斷的把人歸類分化，因為這種分化只會最終帶來對人類社會整體的撕裂與傷害。

思考者是社會的鏡子

社會中高智商卻思考能力薄弱的人並不少，真正有思考與認知能力的人是光鮮外表與財富地位高低不能識別的。這也不能說書看多了，學歷高了就是擁有了思考能力。思考者不在於聰明與否，而是需要擁有開放的思維而不是自我封閉，主動大量接觸不同的材料與觀點，敢於和那些自己不認同與不喜歡的觀點產生碰撞，還需要累積一定的人生閱歷與識見。真正的思考者心中漸漸會建立起一套尺度與理念，這是金錢與地位不能扭曲的。當社會出現扭曲之時，仍不會失去內心的尺度，即使受巨大沖擊下偶有失常，很快也會自我進行反思。擁有自省能力的思考者是社會的一面鏡子。思考能力是一項不能直接換到金錢的能力，而擁有這種能力的關鍵在於獨立的學習與思辨能力，敢於放下已知的一切條條框框去重新檢定各種事物與認知，這才是真正的思考能力。思考者往往其貌不揚毫不起眼，比如道家的莊子，比如法家的韓非，比如儒家的孔子，比如希臘的柏拉圖，比如德國的叔本華與尼采。他們的想法，往往有穿越時代的生命力。思考者不只思考大是大非的問題，也思考人生的各種命題。

喜歡現實哲學與思考的人，往往有一種面對現實世界的韌勁，尤其是在面對各種困難時挺下去的意志。有時候文學世界的作家會追求唯美，只接受完美的事物，否則不如毀掉。而擁有思考韌勁的人，就算像《老人與海》的故事中與大海搏鬥後只拖回一副魚骨，也會想想回家睡好，明天早上能有杯咖啡也不錯啊！生存本來沒有那麼複雜，也沒有那麼多枷鎖，接受生命本來的樣子，該喝茶喝茶，該吃飯就吃飯，沒什麼的大不了，這就是韌勁的泉源。

電影等不同媒體的創作者，往往也是深挖人性的高手，只是有深度的作品不一定是賣座的作品。他們的創作令我深刻地思考人的複雜性，比如在真實的世界難以簡單的把人劃分為好人與壞人。以善意構成的傷害，比惡意的攻擊往往危害更大，因為危害不被察覺，你很可能會難以防備。當社會大眾出現群體固執，而這種執念再也不能適應時代，就會出現矛盾累積。批判者只會對各種矛盾作出毫無建設的諷刺，雖然能引起關注，卻並不能解決根本性問題。而思考者的其中一個角色就是嘗試去疏導並解決矛盾，雖然冷靜理性與務實的思考者總是引不起大眾的關注。

一個普通的個人心中建立起的信念，其來源不外乎被直接灌輸，或者是經過自己的思考而建立，而後者建立起來的信念比前者更為堅實，更難以動搖。個人信念的形成，很可能會影響其一生的工作與生活軌跡。而這些信念的來源，往往很受不同的古今思考者的影響。如果你只以單一媒體為新聞資訊的來源，而該媒體並不是客觀持平，很自然就潛移默化受其影響。如果你認真一點觀察，你很易發現某些媒體在報導中是否經驗出現意識形態的滲透，還是傾向於報導客觀的事實。

中國的主流思考者，在各種信念變遷的時代洪流之中，始終不變的一個核心態度是專注於社會大眾的福祉。從大禹治水開始，許多中國思考者的畢生信念始終在於為社會大眾的真實利益進行思考，而不拘泥於意識形態之差別。有時候看海外媒體總是意識形態強加於一些平凡幹實事的普通人頭上，甚至加以負面的標籤，其根本原因是不理解中國人的思想與信念。千百年來，無論時代如何改變，最廣大的人群總是為了個人更美好的生活而奮鬥，這與意識形態沒有多大的關係。

許多有影響力的思考者總是不會忘記個人是社會與國家的一部分，而國家又是世界與自然的一部分。思考者明白世界是一個整體，我與他人也是世界的一部分，持不同意見的並不是必然處於對立之中，可以求同存異。一代又一代的人付出真實的汗水與努力，不是為了證明什麼理念與事物才有優越性。很多人只是實事求是的在努力建設，為自己，為家庭以及社會貢獻自己的一份力量，贏得自己內心的自我尊重。你想當一個毫無思考隨波逐流的個人，還是一個懂得尊重與立體思考的個人？可以由今天開始改變固有思維，多看看事實及不同角度的意見，尤其分開事實與偏見，思考並建立自己的信念，指引一生前行的方向。

思考者觀察社會的運行，是一件很有趣的事。人生終歸回到日常生活之上，如果我們沒有被各種紛爭困擾，社會運行

大致暢順，社會文化就會出現百花齊放的狀態，科學與技術的創新，運動與競技盛行，各種的藝術與美學都會得到成長的土壤。在一個運行良好的社會之中，飲食與文化，旅遊與活動受到廣泛的重視，這是人們追求美好生活的現象。不一定需要很奢侈的過活，生活卻能有滋有味即是好。當人們物質豐富程度差不多時，就會有更大動機去追求美學與心靈層次的事物。

專注於特定的事物，比如聆聽音樂，比如欣賞藝術與建築，可以令內心享受到片刻的自由，這與專注當下的正念（Mindfulness）狀態有異曲同工之理。這不是物理世界的自由，而是精神狀態的自由，因為內心專注的事物以外心無雜念，可以帶來一種平靜的愉悅感。所以有一些人異常沉迷於某些美學與藝術，追求的也是這種忘我的愉悅。這種狀態並不能幫助我們直接解決生活中的難題，而是一種生活調劑，可以令內心更易回復彈性去應對外部衝擊。如果對數學，美學，哲學演變成極端的沉迷，卻會令內心變得僵化，對環境及身邊的人缺乏互動與反饋，有可能變成了世界的局外人，對日常的真實生活與社會漠不關心，這中間的平衡是一種擁有思考能力者必需要掌握的藝術。

歷史告訴我們任何社會很難長期暢順地運行，舊有的社會文化總會在現實環境變化下遇上挑戰。所以如果你有幸身處一個社會和諧的世代，請珍惜其實來之不易的一切，你認為理所當然的一切，其實是無數前人努力的成果。不過人有極強的適應性，就算身處任何世代，總有很多人在艱難的環境下繼續追求各種美好的事物，為了建設美好的未來的願景而繼續奮鬥。新的思考者總會在不同的時代出現，為自己的時代進行有深度的思考，並積極的參與新時代的建設。我希望有更多年輕的朋友除了追求學業與事業的成就以外，也懂得如何善用自己的知識與能力，成為一位有所為有所不為的思考者，這就是社會的福氣。

培養

萬丈高樓平地起
從小開始態度培養
自然能走得更遠

處事態度

有沒有留意祖上一輩的人，以及自己的一輩人畢業十年，二十年的同學的不同成就，成就較高者往往不是當年成績最高者，際遇和態度往往是關鍵因素，而不是純粹的勤勞與投入。懂得在什麼地方發力比只懂發力的人往往走得更遠，飛得更高。而且那些有一定成就的人會及早判斷機會，早作準備，並在機會來臨時牢牢把握。他們與一般人的最大差異，往往就是態度的分別。有時態度的差異遠比成績及工作能力影響更大。當然人生中的機遇有時可遇不可求，但沒有態度去影響行動力，機遇來到你也不可能把握得到。

很多在事業上有一定成就的人，都有一種持續地自我激勵的動力，不用其他助推自己就好像上了發條一樣自動前進。不過在我觀察一些學生的行為時，有時觀察某些學生即使擁有這種自我激勵的動力，學業成績優異，在他們性格中總像失去了某些重要元素的感覺，精神面貌總是差了一點點，有一些方面好像有點畏縮，究竟那些精英學生差了什麼成長與發展因素？

我觀察了很久才最終認識到，即使是最優秀的學生，成長過程中往往最缺乏抗跌訓練，令他們的人生只許成功不許失敗，缺乏了試錯精神。因為事事力求完美，有時在重大決策上

反而顯得畏首畏尾。而事業上有大成者除了努力，不少人外表多麼平凡瘦弱，內心中都有一種勇往直前的精神，即使成功率可能低於一半的事業他們仍有勇氣去嘗試，因為他們不懼怕失敗，至少他們確定自己能夠接受失敗的結果。我成長於一所不愛追名逐利的學校，校友之中就有諾貝爾物理學得獎者崔琦和數學界費爾茲獎的得獎者丘成桐，他們的共通點是年輕時代都經歷了相當的貧困與苦難，他們能把苦難轉化成了他們人生之中前行的力量，而沒有被一時的苦難與困境打倒。沒有人喜歡失敗，也沒有人會刻意追求失敗。但是如果要達至某些成就，失敗和錯誤很難避免之時，有沒有勇氣向前踏出一步，並在權衡輕重及評估可行性後勇往直前。能夠在面對失敗時認為是兵家常事，倒下來後拍拍灰塵又再站來，無論是科研領域，或者是商業與經營，獲得巨大成就者多數具備這種精神特質。

從小到大被教育必須事事追求完美，失敗了被管教者嚴重批評責難，感覺沮喪萬分，懼怕失敗後再也站不起來的，在優秀的人群中不在少數。這就令人理解到很多看似最優秀的學生或人員，為什麼最終發展平穩，卻少見有重大突破。有時與一些充滿試錯精神看似沒那麼優秀亮眼的，卻有勇氣去抓緊一個沒有必然勝算的機會，當幸運地被他們打開了一個成功的突破缺口，就吃上了最大的一隻螃蟹。

即使你知道這個成功的祕方，也並不是什麼人都適合實踐。對於不善於處理失敗或更喜歡平穩的人生，安安樂樂的過小日子，也是一種穩當的選擇。如果你承受了超過自己可處理的壓力水準，真有可能一沉不起。而冒險創業的朋友如果選擇了盲目堅持，而不是靈活進退，反而最有機會令自己身陷險境。因為你一旦用上各種借貸，創業失敗後就負債累累，根本難以再次擁有下一個機會。

多數創業者都要經過多次失敗才找到突破口，要準備好承受多次失敗的應變計畫。如果你卻誤以為破釜沉舟才是勇氣的表現，只好提醒一下，大家都知道項羽破釜沉舟後，大勝秦軍主力而名震天下，請不要忘記了項羽在烏江的結局。盲目的勇猛可能贏得一時，但人生很難次次走運。所以大家應該明白為何大多數人雞湯喝了這麼多，日子還是這樣過。因為你沒有應用那些雞湯的客觀條件，人生中有夢想是好的，但必須要切實地一步步的去實踐，認識到沒有一步登天的可能。看了很多商業案例的朋友似乎有指點江山的能力，真到戰場上陣時手忙腳亂，進退失據。因為書本的案例是固定不變的，而市場及環境每天都在變化，沒有任何一本書可以適用任何環境，必須保守客觀判斷，培養靈活調整的能力。

建立誠信

建立誠信也是一種很重要的態度，人無信不立。承諾的事情就要盡力做到，無把握做到就不要隨便承諾。一個有誠信的老闆，才能夠得到下屬，生意夥伴以至銀行的信任。失信於人，就很難累積更大的資源做更大的事。一個人很喜歡講大話，以謊言以為聰明，而且言而無信，不斷以占人便宜以為聰明，其個人成就也很難走得有多遠。

不講誠信的人也可以做生意，但能把生意做大做強的人很少可以不講誠信。同樣的道理用在其他方面也是合理的。但大家亦要懂得誠信的原則的應用範圍，誠信是代表個人承諾與兌現，是用在重大問題與利益關係上的原則。

對於在一些普通社交場合直接表達自己看法是否適宜，真是因情況而定。比如見了別人家的小孩，好頑皮的，用好活潑好動來形容，既無傷大雅也表達了內心的真實想法。這跟誠信原則沒有關係，跟懂不懂禮與社交禮儀有關。不要低估一些無心語言的傷害性，因應身處的境地採用比較易接受的方式表達，最好不要以一根筋的方式處事，否則明明是善意的表達，最終對自己對聽者也可能會產生傷害。表達意見時先考慮對方的立場與感受，也是一種重要的社交技巧。

有效運用時間

時間是人生中最寶貴的資源，無論你賺了多少金錢也沒有可能把時間換回來。許多巨富在晚年時都說如果有得選擇，他們願意以絕大部分的財富換回年輕。然而真實的人生中沒多少年輕人很認真地珍惜他們擁有並真金不換的時間。其實很多時間是被我們平白無謂地浪費掉，既沒有進行工作與生產，也未能有效地給予自己可以好好放鬆的休息，只是白白的被消耗被浪費掉。

要有效地利用時間，首先我們要作一定的規劃。相信有很多學生在放暑假之初都是十分高興，但如果暑假中沒有什麼學習與活動安排，各種如上網漫遊與看視頻等都會乏善可陳，心內感到虛空無物，又說不出是什麼感覺的混日子狀態。相反學生如能明確在暑假中安排幾個學習或探索目標，當他休息充足後，大量的時間也有不同優先次序的事物可以用心，許多時間就可以用來開始探索學習，不會感到無聊。

以每天的安排為例，首先確定好當年的必要的學習與工作任務，並定好放學後回家任務的先後次序。完成任務後就可以安排自由探索時間，比如一小時完全放鬆的時間，做自己喜歡的事，比如聽音樂玩一會遊戲。如果另外有一至兩小時的自由

學習課外東西的時間就會更好。不要小看每天一點點的閱讀與探索時間，一年下來就可以看數以十計的書，累積了大量的新知識，對個人提升有很大的幫忙。所以要利用時間就必定要有所計劃，由於各種工作學習目標的任務存在，基本不可能出現一些時間閒得沒地方打發的情況，可以過上有聊的人生。

如果你遇上一些煩人的事，工作，事業，感情不順，若能做到每天只分配有限的時間給自己去煩悶，把一天分割出不同的時間去做指定的事，即使煩惱未能解決，不用一整天被煩惱困擾而頭昏腦脹，生活仍可以如常過得下去。這是應對一些逆境或困難時的時間處理策略。選擇一整天都耗在毫無出路的思緒之中，對解決問題毫無幫助。如果選擇較從容的時間分配方法去應對，你只會在一天中指定的時間內嘗試處理，生活就不會被短期內無解的問題拖垮。

每天工作學習的時間安排上也要小心被那些零碎化的閒置時間消耗，要儘量安排連續化時間去做事。比如一些十五至三十分鐘的工作及生活場景轉換或交通時間，不合適進行較有創造力的活動，只可能進行一些碎片化的活動比如刷手機及社交資訊。過多地進行無意義的瀏覽只會鈍化我們的生活，把一些轉接與等待的時間儘量縮短，或把這些小片段時間活化。如果日常生活中會有太多碎片化時間，儘量將其整合並壓縮，以更善用一天的時間資源，該工作時工作，該休息輕鬆時好好休息，少作空想，更有效率的幹實事，生活自然也能更加充實。

執行能力

沒有執行能力的人，永遠只能停留在空想的階段，很難有所成就。當你有了一個想法，如果沒法加以實踐，根本是毫無意義的。要付出努力及代價，是一件說難不難，說易也不易的事。

間歇性滿腔熱誠，持久性地有心無力，其實是很多人的真實狀態。對很多年輕朋友而言，單是要你每天規律生活，早睡早起已經很困難，更不用說除了玩遊戲與看動漫以外，專注地在做某一些工作或事情。不過人總是會不斷成長，當出來工作或進入研究階段以後，很多人就能沉下心神來做事。同一個人總是在不斷的變化，今天的懶散狀態不等於明天，但你必須要意識到自己的不足之處，認真地開始坐言起行。

人成長以後就會明白到說一句我愛你一萬年是一件很易的事，因為只需要說出口就可以了。可是真的實踐起來卻毫不容易，單是要長期負擔一個家庭的開支，很多人已經焦頭爛額。當你為了生活已經用盡氣力，還有什麼其他浪漫心思。所以去觀察一個人，不只看他怎樣說，更要看他怎樣做。單純的語言是虛空的，有行動支持的才是實在的。不只說個人，一個國家陷入空談也不是什麼好事，所以才有實幹興邦的說法。討論本質不是壞事，尤其是進行重大決定前進行詳細的評估與可行性研判是重要的。但純粹空談式的討論只是在消耗時間與精力，或只有口號卻沒有實踐的方法，是沒法改善社會民生。

建立執行能力，可以是從小培養的習慣，由最簡單生活習慣開始入手，比如吃完飯的碗筷自己收拾，做完功課的桌子要收拾乾淨。定了一個想法，就要準備相關的實踐的階段。萬丈高樓平地起，由思考如何實踐第一步開始，設定一步又一步可以真實執行的目標，然後按實際情況作出調整，才有可能達成更大的目標。執行能力往往是由小事培養起來，勿以事小而不為。

理財智慧

財富教育以及理財教育有時候在教育體系中比較缺失。對於理財我必須提一下年輕朋友要掌握量入為出的重要性，並且學會儲蓄與投資。

對於一位沒有太多資源的年輕朋友而言，最重要的投資必然是投資於自己的能力。多學點技能，不要計較即時金錢回報去獲得工作經驗，才是最好的投資。因為收入的上升才是改善生活的最大可能，而不要重視眼前的短期收益。與此同時亦要學會觀察行業及職業發展的空間，結合自己的個人特性及條件作職業路徑最優化的考慮。如果發展工作不合適，在年輕時多作不同崗位的嘗試不一定是壞事。不過如果工作了一些年月還是不斷轉職業軌道，就很難累積一定工作經驗在某行業擔任重要位置。

行業的積累不是一朝一夕可以建立的，就算是創業者往往也不是憑空想而創造出來，而是一班有一定相關行業經驗與能力互補的人聚在一起開始的，這些能力都是由真實的工作及管理經驗積累而來。所以找工作不要一開始就只談錢，而要看長遠有沒有價值的經驗可以學習與增值。當你掌握有一定的能力與經驗後也要轉過頭來，學會如何在工作的實質回報中反映出自己的價值，這就需要自行領悟而沒有一套標準方式了。

假如你的工作開始上軌道，收入開始上升，很多時支出也會跟從上升，比如因各種社交活動增多，增加一定開支亦無可厚非，沒有多少人喜歡過苦行僧式的生活。只是建議大家在增加開支時儘量考慮兩個原則，第一是每月的常規支出要比收入少，即是量入為出，第二是收入增長的速度要比支出增長比例高，這樣當你工作的年資增長，收入增加之時，每月可存下來的可支配資金就會不斷增加。除了保留一定的流動現金作備用，多出的資金就可以用作進行更重要的支出。無論是用來成家，買房，買車，很多時都須要有一定時間的持續積累才能完成。對於節省開支，你可以考慮微調一下生活去省錢，比如該旅行遊歷的時候還是照樣出發，選擇沒那麼豪華的方式，把錢用得更有效率也是一種很好的選擇。

存起來的錢可以進行投資。大家一定要分清楚購買汽車是消耗品，因為汽車會不斷折舊，而不大可能增值。如果買的是一些有實質性回報的證券，債券，房產等會產生將來收益的資產，也是一種保存價值的方法。由於投資已經超過本書打算討論的範圍，不會作深入的討論。但我必須要提醒讀者朋友，如果你的資金有數年內的取用須要，你必須要考慮到資產的風險特性。如果投資於證券類資產，在某些時間的回報是相當不錯，卻可能在某些時間遇上市況波動，如果你急需用錢，短時間內需要賣出，就可能會蒙受較大的資本損失。而以接揭借款購買房產自住的朋友，必須要考慮到自己每月的供款能力，最好能控制每月按揭還款在家庭收入的四成之內，且保留一定的流動現金應付突發支出，以保證供款的穩定性，能安心自住。

如要想瞭解更多投資理財相關的智識，除了一些金融投資經典書籍比如本傑明　格雷厄姆《聰明的投資者》，霍華馬克斯的《投資最重要的事》，如果想了解多種投資工具亦可參考黃融所著的相關投資書藉，書中對各種金融工具及房產等資產都有解釋，有助大家掌握必要的投資基本知識。最重要的是認清資產的價值，是由將來的現金流收益決定。如果純粹的價格炒賣，就只是在進行賭博式的零和遊戲博奕，是純粹的投機。如果一項資產的投資本金收回期超過三十年以上，其相關的價格波動就會遠大於投資的現金流收益，當市況逆轉之時長時間持有也不一定有回報。如果一項資產的投資現金流收回期超過五十年，有可能進入了投機泡沫狀態。除非將來的現金流收益會大幅上升，否則必須要警惕買入泡沫資產的風險。那些毫無收益的風險「資產」近年大行其道，投放資金於其中必須要小心謹慎，千萬不要借貸及以高比例的資金投放。

還有一點必須提醒一下年輕朋友，千萬不要令自己因為超前消費而陷入負債危機。以信用卡等高利息的借貸去滿足消費，很易就會不斷累積個人債券。有需要時在學習及自我增值上作出借貸並無不妥，甚至應該鼓勵。國內著名大學的課程的費用都是十分相宜，而且素質已經直逼國外的著名大學，負擔學費也不是問題，是很有成本效益的自我增值方式。

即使在發達國家也不定是以公費高等教育為主流，如就讀一些較熱門的私立科系，畢業時有可能要背上十多二十萬美元的計息負債，最慘是一些科系畢業後工資收入也不高，工作十多二十年也不一定能還清貸款也並不罕見，這種情況下如非家境殷實，報讀大學科系時就必須清楚地考慮到畢業後的出路。教育是一種投資，也可以是一種消費，有些時候亦要考慮個人及家庭資源能否負擔，以合乎成本效益的方式往往是更合適的選項。如果獲取某一自費學位的費用非常昂貴，就要考慮有沒有其他較易負擔的替代，該學位將來增值的部分是否足夠，或者有沒有獎助學金類的幫助。也必須考慮家庭的實際能力，不要把家庭的資源掏空去滿足個人的教育消費。有能力學習的海外公費研究生的機會比本科大得多，也不用消耗個人及家庭資源，也是一種很好的選項。如果大量增加不會明顯改善長遠生產力，只能增加個人體驗的消費型學習債務只會吞食你將來的收入，甚至因負債而影響了將來人生的許多可能，必須小心個人債務累積的風險。

財富的主人

關於金錢與理財的題目，必須要提醒大家不要沉迷於獲得更多的金錢或以誰獲得財務自由為人生目標。要成為財富的主人，不要成為捨本逐末，終身只為追逐更多財富的金錢奴隸。試想想你認識的長輩中有多少人從來沒有達成過財務自由，人生還不是照樣過。無論你的目標與生活如何，失去的時間不可以補回，花上大量時間去工作，去到嚴重過勞甚至耗損身心，天天想如何拚命極限工作，如何挖空心思在資本市場上追漲殺跌，影響到「身與心都不自由」，這種只為了賺更多的錢更快的達到所謂財務自由，真的是得不償失。

儲蓄與理財當然重要，但其實也沒有那麼重要。如果你的收入不多，如何學習理財短期也沒有什麼大的效果，必須要想方法如何付出努力去獲得更高的收入水平，並思考如何更善用金錢控制不必要開支。本金不多想要短期致富只有靠賭博，你賺的錢是別人虧出來，人家的利潤就是你虧的錢，十賭九輸，我絕不建議讀者朋友參與任何博奕遊戲，彩票天天有人中，只是不是大多數的你和我而已。你更應該認識到的是，沒有那麼多的財富，是否人生就沒有了快樂的權利，是否人生沒足夠的錢就沒有意義，必然過不幸福的生活。

沒有太多錢，也有很多事可以做，也有很多事可以達成。財富不自由，也可以成家立室，建立一個幸福卻簡單的家庭。只要努力去工作，在當今社會是餓不死的。資源貧乏，就在能力範圍內去創造，提升自己的能力去增加長遠收入。你的努力奮鬥卻不要變成過度的自我燃燒，人生的路很漫長。生活的方式也有很多可能。不要因為達不到資源的目標，就抹殺你人生的一切可能性。你又不是飯也吃不飽，欣賞大自然並沒有需要多少錢，在圖書館中看書又需要什麼錢，去一個陌生而新鮮的地方作短途旅行究竟需要多少錢。帶孩子到公園玩耍，騎騎單車，吃些自備小吃又要多少錢。努力學習在公立大學畢業成材又需要多少錢，在網上收看免費的學習頻道自我增值又要多少錢？人的一生不會因外在的財富多少而變成什麼事也不能做，能夠否定自己可能性的人，只可能是你自己。如果遇上別人不斷以單純的金錢與物質否定你，通常你是遇上了一位窮得只剩下錢的人，或者在家庭及人際關係中出現缺失，需要不斷以金錢與消費去填補其內心的空虛，甚至不惜以踐踏他人尊嚴來轉移內心痛苦的人。如果遇上了除了工作與賺錢以外沒有生活與趣味的人，不用嘗試對談生命意義的問題，這種對話只會是毫無意義的各自表述。

財富增加最大的影響是個人選擇變多了，這可以是好事，也可以是壞事。絕對的貧窮，如果連最基本的生活必需都無力支付，很難硬說成好事。但大多的人，其實夾於富裕與絕對貧窮之間，雖然不至於需要捱餓，卻無太多的剩餘與積累，對於傳說中人生必須達成的財務目標似乎遙遙無期。害怕在講求競爭與淘汰的社會之中，一些人付出全部努力仍無法擺脫財務困難，即使偶有剩餘也不敢亂消費，生活變成了斷捨離的修行。更多的人無法抵擋時代的洪流，心中極端渴望購買到一些有社會階層象徵意義的東西，由手機，到汽車，到房子層層升級，甚至不惜大幅借貸舉債去購買更多「資產」，只為了得到「成功者」的自我認同標籤，成了欲望與債務漩渦的奴隸而不能自拔，真正能自在地生活的人並沒有多少。

人們總是害怕被擠出現有的階層，如果無法維持現有的消費或生活水平，在內心中就會恐懼喪失了處於原有階層的自我認同感。不少表面上看似物質生活並不缺乏的人，真實生活卻陷入無盡的焦慮之中，漸漸地由不敢結婚，變成了不想結婚，不敢生育，變成了不想生育。這種社會高速發展後產生的副作用，在全球各地普遍地上演，由最早發展起來的國家，蔓延到各新興發展起來的國家，而且社會增速減慢，財富越來越集中，被擠出原有階段，或用盡力量無法改變現狀的人越來越多。社會總體越來越富裕，卻比起以往的物質缺乏的年代更焦慮與痛苦。飽食卻充滿焦慮的，能夠生存卻看不到未來的人，只能不斷販賣大量個人時間以避免掉下階層。即使傾盡全力買了房子，卻連好好睡覺的時間也沒有，連跟人建立長期關係的精力也沒有者比比皆是。付出了時間精力贏回來的只是一個空巢，一個沒有生命力的家，你的心卻無處安放。

問題是，你的人生中努力與奮鬥就是為了財務上的成功？還是為了生活幸福而努力，達成人生更多的可能？對大多數財務上比較平庸的人群而言，雖然沒有了奢華生活的選項，時間上卻可以有所選擇而變得更富有，只要不是陷入了窮忙的絕對困境，沒什麼可以阻止你精神上的追求，生活一樣可以相對多彩。更豐富的生活體驗與經驗，對很多人而言應該是比外在財富更重要的終極追求，只是在追求的過程中很多人都忘記了什麼才是對自己最重要的，忘記了自己仍然有所選擇。

希臘神話故事中有一位點石成金的國王邁達斯（Midas），他觸碰了什麼東西都會成了金子，可是他觸摸的食物也會變成了金子，變成了不可食用。觸摸水杯不只杯子成了金子，連杯中的水也變了金子，令他無法喝水。究竟我們的人生，是為了擁有點石成金的能力，還是為了能有足夠的飲食與休息，能夠好好生活？很多人卻把目標與方法本末倒置了。只要我們未陷入絕對貧困，每一個人仍可以用心的去過生活，只是很多人認為滿足不了外在目標就失去了掌握生活的權利。不要只看你沒有的，也要看到你擁有的。當你善用已擁有的一切，仍然可以用有限的資源去達成許多人生目標。不要被別人及社會設定的目標限制了你的人生追求，財務不自由的大多數人也可以追求自己的幸福。事實上耗盡心思苦苦追求的目標不一定就能達成，可是無論現狀如何，當你的心拒絕了幸福的可能，幸福就真的會離你而去。生活狀態的巨大差別很多時只在乎你有沒有用心去生活，這小小的想法差異對生活狀態所產生的影響可以是天壤之別，我希望更多人懂得如何去選擇，這是理財教育中最不可或缺的一課。

後記

一個喜愛思考的漫步者

這是一本我自己很喜歡的作品，我有一種感覺是漫步黃並不是我個人本身，漫步黃是我在思考時的一個形態，而這個形態是我最喜歡的一種生活狀態。這並不像加繆《局外人》書中那種把自己與現實分離的狀況，而是一個處於哲學思考，但始終腳踏實地的漫步形態。拉斐爾的名畫《雅典學院》中，柏拉圖的手指向天上，阿里士多德手卻指向人間。我一直堅信，真理不在虛無的幻想世界，真理就在人間。

法文中有漫步者（Flâneur）一詞，意義是漫步中的思考者，這個相當有哲學意味的名詞連英文也沒有相對應的翻譯字詞，卻相當有意景。因為我喜歡思考，又喜歡漫步，加上祖宗承傳的姓，所以我就以漫步黃作為創作筆名，甚是喜歡。這本書其實經歷過很多改動，而且沒有固定的創作地點，經常是邊走邊寫，走到那裡遇到什麼新想法就不斷地修訂，變成了現在這一本書。

人都是被動的來到這個世界。對許多父母而言，生兒育女之前不一定有特別的想法，很多時是自然而言的事。人生的義意不是由父母賦予，而是由每一代的孩子自我書寫。讓孩子在確立價值後自我探究飛翔，找到自我的價值與意義。孩子長大後如不忘對父母長輩的恩情，作出合理的回饋，兩代人形成正面的互動關係，自然而然的把生命的長河連結起來，這就是一種相當幸福的社會形態。

感謝在成長過程中父母對我的支持，父親一生腳踏實地做人，從沒占人家便宜，日子過得明明白白心安理得，並且盡其所有能力支持我的教育及成長。母親為人爽直，喜歡直面真相，不喜歡虛偽與掩飾。即使在家庭財政困難時期也刻苦經營，從沒貪圖別人的東西，還以有限的資源善待身邊的人。最後當然要感謝與我甘苦與同的太太，沒有她的支持與鼓勵，我就難以在工作以外把有限的時間去創作。她知道只要我認為是有價值的事，我一定會堅持下去的。

本書中的許多理念絕不是無中生有，創作源於生活的各種接觸面。工作及生活上的觀察與積累，慢慢促使我有了寫作的想法，幫助更多的人思考人生難題。書中提出的觀點，是我在不同領域累積了相當長時間的觀察與各種知識的累積而成，卻不一定適用於每一個人與每一個家庭，人生的成長與發展是多樣性的。

每一個人的性格以及人生際遇都不同，不一定要飛得多遠，也不一定要飛得多高。能健康快樂的成長，自行書寫自己的人生的意義，已經是很多父母心中簡單卻最實在的期望。如果一個人在社會規範下，過好自己的生活，能充實並愉快地過日子，並能擁有一些樂趣，有能力者能達則兼濟天下，這不只是個人之福也是社會之福。

在人類漫長的進化過程中，令多數人有了堅持生存到最後的本能，然而生存的狀態卻可以千差萬別。放棄進步與改善是人生最大的危害，把自己的人生不如意全盤歸究於外在因素與資源品賦，就等於否定了自我努力的一切作用，自行關上所有機會的大門，可能在很年輕時就變成了跟鹹魚差不多，這是人生中最大的危害！態度與行動的決定權始終是掌握在你自己手中，一念之差，人生走向可以完全改變。就算最終沒有什麼成就，能好好地努力過嘗試過，心中並無遺憾，就已經不負此生。書中提及如許多的處世態度，卻沒有定立一個固定的目標與標準，去喊讀者朋友走向某一條成功路徑。這是因為我不希望家長或社會嘗試把新一代的人模組化，只鼓勵走單一的那一條他們認為能最靠近成功的康莊大道。

《美麗新世界》是反烏托邦小說的經典，書中描寫的世界科技異常發達，基因都可以優化統一，不同的群體每天都重複地做同樣被指定的任務，社會一切按程式進行，人只是一個接近被程式設計的個體，世界就像編程世界一樣只有黑與白的絕對答案，情感的溝通可以完全省略，失去了獨立思考，失去了良知，也失去了人性。究竟這是最好的世界，還是最壞的世界？

在人工智慧爆發，萬物聯網，事事講求量化，連基因都可以改良的今天，我們有可能越來越走近《美麗新世界》所描述的情景。而且今天的網路媒體是根據我們的喜好推送資訊，這種訊息偏好很易變成訊息封閉，這些推送的內容可以影響我們的喜好與獨立選擇。更甚者連小說也想像不到可以植入大腦之中的電子系統已經出現，系統能讀取及預測腦部的思想並發出外部指令，可用於腦部相關疾病的醫療用途。可是發展下去此等裝置亦必然有能力監察與控制人類思想。怎樣運用及控制科技已經是一個非常嚴肅的題目，也許有一天人類的大腦連學習也可以省略，智識甚至思想也可以直接植入腦中，決策由人工智慧的類神經網路處理，智識及思想就會完全失去了多樣性，也失去了智識及思想的自然篩選及淘汰能力。每一個人變成一個數字，變成萬物皆數的世界，你只是社會系統編程中的一個變量，成了只剩下吃喝功能的行屍走肉，喪失了獨立的思考能力，人類被自己創造的科技控制甚至消滅的日子就不遠了。

利用科技還是被科技支配只有一線之差，對人類而言卻是幸福與災難的巨大差別。在社會基本構架與秩序能維持，人們擁有教育提供的基本技能後，有各自的追尋，有各自的活法，彼此關心，又能相忘於江湖，這不是更好嗎？一個基本生活資源並不匱乏，不同個體能保有多樣性，而且能有序進化的世界才是穩定的生境，才是美好的世界。

真實的人生總要應對各種未知的風浪與壓力，如果有一天你背負超重的行囊走累了，請立即找個時間離開你熟悉的環境，忘記手機及社交媒體，往海邊走一轉，聆聽一下海浪的聲音，又或者往山間小徑走一轉，聆聽樹林的鳥叫聲。專注當下，忘掉你的自身，與自然融為一體。把背上的行囊放下，輕輕的放下。想想過去的一切已成過去，未來的一切仍可以把握，思考一下什麼是當下最重要的事項，理清自己的思緒與方向。然後收拾行囊，把重要的放回行囊之中，把不那麼重要的放下。確認一下重量是否可以負擔，然後再次起行，邁步繼續向前走，再繼續向前走。如果你一直在尋找生命的義意而遍尋不獲，其實你向前走的每一步，就是人生的全部意義。

我在書中為大家提供一些思考的觀點，並不是為了提供什麼標準答案，只是給予一些想法讓你去參考，請讀者自行思考自己心中的答案，因為每一個人走過的路途都不盡相同。但在路途當中，請珍惜每一個善意提點和幫助你的人。當你能做到自立成材後，如有機會不忘回報父母等人的恩德，再把學識及理念傳給下一代。有能力者貢獻社會，兼濟天下。如果有更多人能夠做到，就是個人與社會的福氣。

如果人生像一棵樹，只有根部伸向地底陰暗深處的，才能更好地適應環境吸收養份，讓地表上的枝與葉向著陽光茁壯成長，長成一棵大樹。

如果整個社會是一個樹林，需要有更多的大樹擁有穩固的根部，才可以一起抓緊水土，更好的抵抗泥石流與災害。深挖社會與人性真實面貌，不是為了諷刺與譏笑贏家和輸家，而是希望每一棵與整個樹林能深深扎根並成長得更好。我們每一個人都是樹林的一分子，即使你的生活歲月靜好，也不要忘記了樹與樹林是一個共生與共存的整體。

讀者朋友，也許你會遺忘了書中大多數的內容：

只是三個詞，良知，奮鬥，平衡，一生中最好不要忘記。

如果只能讓你記得一個詞，那就請你不要忘記：

良知

並讓這顆種子在你內心中發芽成長

國家圖書館出版品預行編目資料

敢輸才會贏／漫步黃著. --初版.--臺中市：白象文化，2020.12
面； 公分
ISBN 978-986-5559-27-4（平裝）
1.自我實現 2.成功法
177.2 109016069

敢輸才會贏

作　　者　漫步黃
校　　對　漫步黃、林金郎
專案主編　林孟侃
出版編印　吳適意、林榮威、林孟侃、陳逸儒、黃麗穎
設計創意　張禮南、何佳諠
經銷推廣　李莉吟、莊博亞、劉育姍、李如玉
經紀企劃　張輝潭、洪怡欣、徐錦淳、黃姿虹
營運管理　林金郎、曾千熏
發 行 人　張輝潭
出版發行　白象文化事業有限公司
412台中市大里區科技路1號8樓之2（台中軟體園區）
出版專線：（04）2496-5995　傳真：（04）2496-9901
401台中市東區和平街228巷44號（經銷部）
購書專線：（04）2220-8589　傳真：（04）2220-8505
印　　刷　基盛印刷工場
初版一刷　2020年12月
定　　價　280元